INVISIBLES

LA IGLESIA DE CRISTO NO ES LA QUE VES

FABIAN LIENDO

Buenos Aires - Miami
www.peniel.com

Invisibles
Fabián Liendo

1.ª edición

Editorial Peniel
Boedo 25
Buenos Aires, C1206AAA, Argentina
Tel. 54-11 4981-6178 / 6034
e-mail: info@peniel.com
www.peniel.com

ISBN 978-987-557-695-7

Dirección de la colección: Fabián Liendo
Diseño de portada e interior: Arte Peniel
Edición: Silvana Freddi

Impreso en Colombia

Liendo, Fabián
Invisibles : la iglesia de Cristo no es la que ves / Fabián Liendo. - 1a ed. - Ciudad Autónoma de Buenos Aires : Peniel, 2023.
176 p. ; 23 x 15 cm. - (El todo y en todos / Fabián Liendo)
ISBN 978-987-557-695-7
1. Vida Cristiana. I. Título.
CDD 300

Contenido

Dedicatoria

Dedicado a todos los Invisibles *que caminan por este mundo inspirando y animando la fe de todos aquellos que buscan genuinamente ir en pos de Jesús. A los que abrazaron la cruz, los que lavan los pies, los que sirven a la mesa de los más pequeños, los que cada día ruegan a Dios por sentirse dignos de servir entre todos aquellos que en este mundo viven y mueren solos, heridos, hambrientos, huérfanos y olvidados. Me gustaría nombrar a muchos de ellos, pero sé que ese es su secreto con Dios.*

EL ÚNICO MOTIVO POR EL CUAL SE ELIGE SER UN INVISIBLE ES PARA QUE TODA LA GLORIA SEA PARA DIOS.

Nota del Autor

Le pido a Dios que nadie encuentre en este libro solo lo que desea escuchar, que no alimente la satisfacción por reafirmar ideas personales. Lo que le pido al Señor es que podamos ver su mano llegando para romper nuestra autoconfianza, provocando un amanecer en la comprensión más simple de la Palabra escrita revelada.

El comienzo...

Todo empezó una madrugada con una palabra de Dios que, sin darme cuenta, llegaba para cambiar mi vida para siempre: «*Hijo, estoy construyendo mi iglesia, pero no es la iglesia que ves…*».

Nuestra identidad

Hace un tiempo tuve un sueño: estaba en una reunión, cuando, de repente, entró un amigo mío. Lo miré y pude ver un gesto de desesperación en su rostro. «¡Fabián, apúrate! ¡Tu hijo tuvo un accidente!», me dijo. Mi reacción instantánea fue empezar a correr en un estado emocional como el de quien acusa un violento golpe, luego del cual, a pesar de no perder la conciencia, los pensamientos se agitan y se entrelazan: «¿Dónde está mi hijo?, ¿qué va a ser de mí si a él le pasa algo? ¡Señor, tú que estás con él, abrázalo! Señor, sé que no es mío, sino tuyo... ¡Esto es inmenso para mi vida, pero no se haga mi voluntad, sino la tuya!». Mientras aún intentaba acomodar mi corazón a la soberanía y amor de Dios, llegué al lugar del accidente, y observé los cuerpos de los amigos de mi hijo desparramados por la calle y el auto dado vuelta. En medio de toda esa situación, por la ropa y por la silueta, distinguí a mi hijo. Me precipité hacia él y, mientras lo abrazaba, comencé a orar, clamando a Dios por su vida. De pronto, él abrió sus ojos. En medio de las lágrimas, le pregunté: «Hijo, ¿por qué subiste a ese auto?». Él me respondió: «Porque me dijeron que, si no subía, era un cobarde». Cuando escuché esa respuesta en mi sueño, descendió sobre mí una clara visión de mi vida y de la Iglesia de Cristo que me hizo temblar. Entonces le dije: «Hijo, jamás permitas que nadie te diga quién debes ser. Tú eres hijo del Rey de reyes y Señor de señores. ¡Esa es tu identidad!».

Si no sabemos quiénes somos, no se puede actuar como tal. No podemos actuar como verdaderos hijos de Dios. Es un problema de identidad.

Actualmente, una gran parte de la Iglesia está atravesando una crisis profunda de identidad. El analfabetismo bíblico reinante hace de la Iglesia un lugar propicio para que cualquier persona que se sienta fracasada o frustrada en la vida pueda hacer carrera en esta. La gente es conducida a cualquier lugar y circunstancia con tal de que esta alimente sus deseos de una vida mejor. Las personas se buscan a sí mismas y desean lo mismo que anhelaban cuando estaban en el mundo, como si solo cambiaran de servidor y ahora fuera Dios quien debe concretarles lo que no pudieron lograr por sí mismas en el mundo.

Cada vez que miro hacia la cruz, siento vergüenza de ver en qué nos hemos convertido. ¿En qué momento olvidamos o decidimos ignorar el hecho de que Dios no viene a restaurar nuestras vidas pasadas, sino a *hacer todas las cosas nuevas*; de que, si no hay arrepentimiento, no hay salvación; de que, si no muero, no hay nuevo nacimiento y de que, si no hay nuevo nacimiento, no puedo ver el Reino de Dios?

¿Qué tipo de fe estamos practicando? *Los hijos de Dios deberíamos practicar una fe que nos ponga a nosotros al servicio de Dios, y no a Dios a nuestro servicio.* Él vino a establecer un Reino; sin embargo, existe un modelo de Iglesia que está construyendo su base sobre los deseos del corazón de las personas, sean estos pastores o líderes, o sobre la base de la demanda de sus miembros, siendo este el motivo por el cual van a Dios o, peor, a la Iglesia. **¡Debemos devolverle la Iglesia a Dios!**

Es una visible contradicción hablar de construir la Iglesia, y mucho menos si buscamos que esta interprete nuestros gustos y deseos personales, cuando sabemos que es una construcción divina, que es Dios quien edifica la casa, o en vano trabajan los que la edifican; le pertenece a Él, y es precisamente Él quien debe quedar satisfecho con esta y, como consecuencia o añadidura de un Dios que nos ama como nadie puede amarnos, expresa en nosotros todo lo concedido en su propio Hijo.

Tengamos en cuenta que, si la Iglesia es de Dios, y Cristo es la cabeza, Él es el único que *dice* en la iglesia.

Parece mentira que alguna parte de la Iglesia piense que el propósito de Dios, manifestado en Las Escrituras y revelado por el espíritu, no puede ser expresado tal como Dios lo diseñó en su totalidad... ¡como si Dios exagerara o no supiera en realidad lo que Él mismo requiere de sus hijos!

Recuerdo tantas veces estar orando a Dios con angustia, pensando: «¡No puede ser! Si esto fuera así, el primer impostor sería Dios y, si el Evangelio no puede vivirse, ¡todo es una gran mentira: Dios, el Evangelio, la Iglesia y la totalidad de lo que nos rodea!». Sin embargo, la gran noticia para la humanidad de todos los tiempos es que Dios es real y que su palabra es verdad. Alguien tiene que levantar la voz y decir que Dios no es un impostor, que su Palabra es verdad y que el Evangelio sí puede vivirse, ¡que esto es lo que creemos y predicamos!

Hace años, Dios demolió todos mis argumentos humanos para que, definitivamente, comience a verlo en la forma en que Él espera ser visto y comience a comprender que la Iglesia es una edificación divina: todo lo demás es otra cosa. Y esto es justamente parte de lo que quiero compartir en este libro con ustedes, mis hermanos de esta generación.

No digo nada nuevo si afirmo que Dios no piensa como nosotros, que sus pensamientos no son los nuestros. Es por eso que Dios necesita que Cristo, como la Palabra, sea revelado en nuestros corazones por el obrar de su espíritu, que el velo de nuestros ojos sea corrido y podamos ver que Él está construyendo la Iglesia del fin de los tiempos, y que esto es solo una pequeña parte de su revelación sobre Ella.

Invisibles

La revelación sobre los *Invisibles* me llegó como un río inagotable de agua de vida, en medio de lo que consideraba un desierto difícil de sobrellevar. Para compartirte parte de esta, tengo que remontarme a unos años atrás.

Hace un tiempo, todo mi ser se encontraba con la dificultad de poder discernir qué era lo que me estaba pasando. Por aquellos días un gran desánimo me invadía. Estaba en medio de una carrera por alcanzar todo tipo de logros —muchos de los cuales estaban en mi vida por *default cultural*—. Esa situación me sumergió en un desierto tan extenso como el mismo desánimo. En esa época entendí que, si no tenía mucho tiempo para orar, tendría que inventarlo. De algún modo, Dios tenía que hablarme. ¡El Señor tenía que decirme por qué me estaba pasando lo que me estaba pasando!

Después de haber pasado tantos desiertos importantes en mi vida y tan caros para mí, después de haber aprendido con tanta claridad que Dios ama al dador alegre, después de haber tenido el privilegio de deleitarme en Él, después de haber disfrutado paso a paso la alegría de servir y dar la vida por el Bienamado, después de haber experimentado que el gozo en Él es mi fortaleza, me preguntaba por qué, entonces, había perdido el deseo y ya nada parecía motivarme. ¿Qué me estaba pasando?, ¿qué estaba haciendo mal? **A veces el equívoco opera por debajo de la conciencia: me esforzaba por ser el hijo que Él esperaba de mí, pero algo no estaba resultando, algo no estaba saliendo bien...** ¡Tenía que saber de qué se trataba!

Mi comunión con Dios comenzó a intensificarse cada vez más, tal vez impulsada por esta herida que buscaba alivio. Los espacios de silencio comenzaron a ser un refugio mientras emprendía la intensa búsqueda de una respuesta. Noche tras noche, madrugada tras madrugada, una y otra vez volvía la pregunta: «¿De qué se trata todo esto? ¡Dímelo, Señor, por favor!». De pronto, en lo que parecía que sería una noche más, su voz llegó: «Hijo, estoy construyendo mi Iglesia, pero no es la Iglesia que tú ves...». «¡¡Por fin, Señor!!», pensé. Pero, ¿qué clase de respuesta era esa?, ¿qué tenía que ver con lo que yo le había estado preguntando? Si aquel era un mensaje para mí, la realidad era que no parecía venir para aliviarme. ¿Sería que yo no estaba siendo aprobado? «¿Qué pasa, Señor?, ¿no estoy haciendo lo que esperas de mí?, ¿no alegro tu corazón?, ¿en qué momento me alejé de tu propósito?», le pregunté a Dios. La palabra que luego llegó fue un poco más amplia y esclarecedora:

Estoy construyendo mi Iglesia con personas que no necesitan prosperidad, aplauso, reconocimiento, posición, ser tenidas en cuenta o recompensadas para vivir la vida que Yo diseñé para ellas. Estoy edificando mi Iglesia con gente que se da a sí misma sin esperar nada a cambio, que ofrece la otra mejilla, que perdona a quien no merece ser perdonado, que ama con el mismo amor con que yo los amé. Hijo, el deseo de realización personal es veneno para el corazón de mis hijos. Yo NO los llamé al éxito, sino a serme fieles, a dar la vida por los demás, tal como lo hizo mi Hijo por ellos, ¡para eso es el Evangelio!

En ese momento me di cuenta de que Dios me estaba devolviendo al lugar donde yo había nacido. Me estaba llevando de nuevo a los pies de la cruz, al lugar donde me había encontrado con Él por primera vez, para que, de esa manera, recuperara la eterna alegría por tan altísima salvación. Esa alegría que parecía haberse opacado por estar pasando más tiempo ocupado en la obra del Señor que en el Señor de la obra. Dios me estaba diciendo que se trataba de mí, que el problema no estaba en mi exterior, sino dentro de mí ¡Él quería mi corazón! Luego, completó su palabra diciendo: **«Deseo que, cuando la gente te vea, no sea a ti a quien vean, sino que reconozcan a mi Hijo Jesús en ti». Entonces entendí que era completamente necesario morir para ser lo que Él esperaba que yo fuera: un *Invisible*, para que su Hijo sea visto.**

Me sentí flotar sobre agitación, una inquietud y una leve sensación de mareo como si me doliera todo. De repente, todo era tan grande, tan inabarcable, y a la vez tan honesto y tan puro que la alegría se paseaba por todos mis pensamientos para decirme: «¡Claro! ¡Sí, es así! ¡Nada se ha perdido! ¡El Evangelio sigue siendo real!, ¡siempre fue real! ¡Su palabra es verdad y, aunque la Iglesia se distraiga o se extravíe de lo único que Él llama *verdad*, Dios sigue siendo el mismo hoy, ayer y por los siglos! Si la Iglesia le pertenece a Dios y es el cuerpo de Cristo, y Cristo es su cabeza, ella debe expresarlo completamente, ¡debe tener su ADN en TODO!».

Algo de historia

Para poder entender de qué manera Dios trató con mi vida, quisiera contarles cómo fue que Él se hizo presente en mi historia. Mi abuelo paterno era un hombre alcohólico y violento. Cuando mi abuela se casó con él, era una adolescente de quince años que estaba escapando de su casa y de su propia realidad. El resultado de esa unión fue un hogar lleno de violencia, en el que mi abuela era golpeada y arrastrada de los cabellos a la vista de todos sus hijos. Con la esperanza de una vida mejor, estando completamente perdida, tomó en sus brazos a mi padre —quien en ese momento era un bebé—, y comenzó a caminar hacia las vías del ferrocarril con la decisión tomada de quitarse la vida. Tengo que confesar que aún me sigue emocionando el pensar que, en cada paso que ella daba, Dios también estaba pensando en mí. Con las características propias de una escena minuciosamente diagramada por Dios, en el lugar se encontraba un hombre con una Biblia bajo el brazo. Este hombre, puesto por el Señor en esa estación, no tardó en advertir la angustia que oprimía a aquella jovencita y, acercándose a ella, le preguntó cómo podía ayudarla. Mi abuela, intentando poner en marcha su corazón quebrado, rompió en llanto, y en ese preciso lugar se encontró para siempre con el Autor y Consumador de la vida. Cada vez que recuerdo esta historia, bendigo a Dios por aquel hombre (o ángel, no lo sé) que, solo por haber expresado sencillamente el corazón de Cristo a esa joven en ese lugar, me engendró a mí.

Este recuerdo estaría incompleto si no mencionara que, por el amor y fidelidad de Dios, a su tiempo, mi abuelo también se encontró con Cristo y llegó a ser un fiel hijo de Dios. Incluso fundó una iglesia, en la que sirvió hasta el día en que fue a encontrarse con su Creador. Así fue cómo la buena noticia del Evangelio llegó a mi familia y a mi vida.

Mis padres me criaron con valores cristianos, los cuales abracé desde pequeño. A través de estos aprendí a amar a Dios. Sin embargo, no había llegado a conocerlo íntimamente. Tampoco tenía en claro de qué manera algo así podía ocurrirme precisamente a mí.

Con solo cuatro años de edad y con dos hermanos mayores, mis padres habían dejado de asistir a una congregación local. Pero, por obra del Espíritu, un adolescente apareció en mi casa diciendo que era cristiano y que se ofrecía a llevarnos y traernos a mí y a mis dos hermanos cada domingo a la iglesia para que recibiéramos las enseñanzas de La Palabra de Dios. Mis padres accedieron, y fue así como Dios comenzó a armar las piezas de nuestras vidas hacia el cumplimiento de su propósito. Yo creía saber que algo nuevo estaba por sucederme. ¡Dios era demasiado grande en mi cabeza como para no confiar en una experiencia que cambiase toda mi realidad!

Sin embargo, los años fueron pasando, y no solo nada de eso ocurría, sino que, al entrar a la adolescencia, mis preguntas se volvieron más grandes que mis expectativas. Recurrí a mi padre para hablar de lo que me sucedía. Le comenté que no estaba seguro de la existencia de Dios. Mi pregunta era la siguiente: «Si Dios es tan real como todos dicen, ¿no tendría que poder verlo en sus seguidores?». Lo único que parecía ver desde ese pequeño lugar era una iglesia que vivía muy por debajo de la fe, personas que reflejaban una actitud de vida muy lejana de lo que decían creer y predicar. Si en ese momento alguien me hubiera preguntado si quería ser como alguna de esas personas que se mostraban allí como referentes, mi respuesta hubiera sido un rotundo no. Hombres y mujeres que hablaban casi como sintiéndose dueños de la verdad, aunque luego, en sus vidas diarias, no reflejaban el fruto de esa verdad tan alta de la que se predicaba. Frente a mis dudas y cuestionamientos, mi padre trató, como pudo, de explicarme, pero él tampoco tenía las herramientas ni las respuestas para darme, por lo que optó por no presionarme. Solo me dijo que, a su tiempo, Dios me lo explicaría.

Luego de esa conversación, pasé tres años muy tristes tratando de convencerme a mí mismo de que en el Cielo no había nadie a quien rendirle cuentas. Como describe Antoine de Saint-Exupéry en su libro póstumo *Ciudadela*, fui destruyendo los muros para asegurarme la libertad, pero solo me convertí en una fortaleza desmantelada.

Así comenzó la angustia de no saber quién era yo. Para ese momento ya tenía dieciséis años, y podía comenzar a comprender que el que vive para sí mismo termina siempre quedándose solo.

Por esos días recibí una invitación para asistir a un campamento cristiano. Como no tenía nada claro en mis pensamientos, decidí ir. En el campamento conocí a un misionero. Este hombre nos contaba cómo el Señor lo había llamado a amar dando la vida entre los más necesitados en uno de los barrios peligrosos de Buenos Aires. En obediencia a Dios, junto a su esposa y a sus hijos, se instaló en ese lugar para amar y asistir a esa gente. Ellos se encargaban de las necesidades de alimento, abrigo, medicamentos, y también de un poco de reconocimiento. Y, si alguno cometía algún ilícito y terminaba preso, él lo visitaba en la cárcel. Su servicio y disposición eran de 24 h. Este misionero comprendía que, si esa gente no viene a nosotros que somos la luz y la sal del mundo, ¿a dónde irán entonces?, ¿a quién recurrirán?

Al escuchar a ese misionero, algo pasó dentro de mí, algo que venía para despertarme a una nueva realidad para siempre. Recuerdo que dije: «¡Yo quiero ser como este hombre!». **Era la primera vez en mi vida que veía a alguien que se parecía a Jesús. La vida de ese misionero había salvado mi fe: ahora sabía que Dios era real.** Si podía verlo en él, era porque era real y, en la búsqueda de la virtud que había en ese hombre, finalmente, me encontré con Cristo.

Aun en la lucha y en los cuestionamientos propios de la adolescencia, pude entender que la Iglesia está hecha de personas naturales con tantos problemas y defectos como yo. Comprendí que no era un invento de los pastores, sino el proyecto eterno que Dios tenía en su corazón, y que no podía abrazar a Cristo, que es la cabeza, sin abrazar al cuerpo, que es la Iglesia. Con todas sus virtudes y defectos, debía amarla como Cristo la amó y se entregó a sí mismo por ella. Dios había venido como una especie de vendaval, arrasando con todos mis argumentos y convicciones personales. Ya no podría vivir más dentro de las cuatro paredes de mis pensamientos. Dios estaba cambiando mi manera de sentir, de ver y de pensar. Él me había hecho parte de su naturaleza divina para que ella fuera puesta de manifiesto. Él estaba comenzando la obra para la cual me escogió: *ser moldeado a la imagen de su Hijo.* De alguna manera milagrosa, comencé a entender de qué hablaba Pablo cuando les dijo a los filipenses: «*... porque Dios es el que en* *vosotros produce así el querer como el hacer, por su buena voluntad*» (Fil 2:13).

Comencé a formar parte del cuerpo de Cristo y a servirlo en una iglesia cerca de mi casa, trabajando con los adolescentes y con los jóvenes. Sin embargo, a los pocos años, y observando la generalidad de la Iglesia, me di cuenta de que eso no podía ser todo. En apariencia, se veía una iglesia ordenada de acuerdo a la luz que habían recibido, con un corazón correcto, pero con una expresión muy escasa con relación a lo que el Señor reveló de sí mismo.

A Dios se lo debe amar como Él dice que debe ser amado y se lo debe servir como Él dice que debe ser servido. Este es el primer y gran mandamiento. Eso explica por qué nadie debería hacer lo que su corazón dice. Para eso Él nos dio su corazón. Es Dios quien se reveló a sí mismo mediante su Hijo, diciendo exactamente quién es Él, cuál es su voluntad y su eterno propósito para nuestras vidas. Las Escrituras revelan una sola Iglesia, que interpreta la persona de Jesucristo en todo.

Ahora bien, si todos entendemos y estamos de acuerdo en que Cristo es la verdad y que toda La Escritura da testimonio de Él, entonces, también deberíamos entender que nadie puede ir en pos de Jesús si no se niega a sí mismo, toma su cruz y lo sigue. Es imprescindible revisarnos. Algo no está bien, ¡algo no está funcionando!

El modelo de Iglesia que Dios desea

Todos los avivamientos registrados a través de toda la historia de la Iglesia se han sustentado en una vuelta, en un regreso a los principios fundamentales de La Palabra de Dios. Un retorno al origen, a través de la obra del Espíritu Santo, que revela, a su vez, a su Hijo mediante la Palabra escrita, revelación a su vez nacida de una búsqueda profunda, ferviente, honesta y transparente de la persona de Dios.

Nuestro Dios no es un Dios oculto; Él no se esconde. Y, por Gracia divina, puso su Espiritu en nosotros para que su *Palabra sea vista* y, así, su persona, su corazón y su perfecta voluntad nos sea revelada a cada uno de los que formamos su Iglesia.

De ella sabemos:

- que el hombre vive y se alimenta de ella (Mt 4:4);
- que es eterna e inalterable (Mt 24:35),
- que, del que se avergüenza de ella, Dios se avergonzará de él (Mc 8:38),
- que el que la oye y cree tiene vida eterna (Jn 5:24),
- que, si permanecemos en ella, verdaderamente, seremos sus discípulos (Jn 8:31),

- que el que la guarde nunca verá muerte (Jn 8:51),
- que ella nos va a juzgar en el día postrero (Jn 12:48),
- que hay que usarla bien para estar aprobado ante Dios (1 Tim 2:15),
- que los que la oyen y la guardan son bienaventurados (Lc 11:28),
- que la fe viene por el oír, y el oír viene por ella (Ro 10:17),
- que es la espada del Espíritu (Ef 6:17),
- que es viva y eficaz, y más cortante que toda espada de dos filos; que penetra hasta partir el alma y el espíritu, las coyunturas y los tuétanos, y discierne los pensamientos y las intenciones del corazón (Heb 4:12),
- que, entre tantas cosas, fuimos enviados a predicarla, haciendo discípulos, enseñándoles que guarden todas las cosas que Dios nos manda a través de ella (Mt 28:19-20),
- y que, por sobre todo, ella es en su totalidad inspirada por Dios, útil para enseñar, para redargüir, para corregir, para instruir en justicia, a fin de que los hijos de Dios, como tú y yo, seamos perfectos, enteramente preparados para toda buena obra (2 Ti 3:16-17).

Tampoco podemos pasar por alto a Juan diciendo en su revelación: «*Y si alguno añadiere algo a esta palabra de la profecía, Dios traerá plagas sobre sus vidas, y si alguno quitare de las palabras del libro de esta profecía, Dios quitará su parte del libro de la vida, y de la santa ciudad y de las cosas que están escritas en este libro*» (Ap 22:18-19).

Todo esto no puede más que generar temor de Dios, un profundo agradecimiento y una gran responsabilidad de no adulterar de ninguna manera lo que Él llama su Palabra, que revela la persona del único Dios vivo y verdadero.

No estoy hablando de ninguna rama teológica, sino de las verdades más simples, claras y fundamentales que La Palabra pone a nuestro alcance. No todos vamos a ser líderes reconocidos, profesionales exitosos o presidentes de una nación, pero sí todos podemos ser fieles, los hijos que Dios desea que seamos, sabiendo que **nadie puede ser más que fiel a los ojos de Dios en esta vida, ni alcanzar una condición más elevada que la formación de Cristo en nosotros**, teniendo siempre en cuenta que todo lo santo, lo puro, lo que es de buen nombre, todo lo sagrado Dios lo puso, por pura Gracia, sencillamente a nuestro alcance.

Nada que contradiga o niegue La Palabra de Dios puede nacer de Él, básicamente porque Dios no puede contradecirse ni puede negarse a sí mismo. Las Escrituras juzgan todo pensamiento, toda palabra y todo obrar. Son estas las que dan testimonio de Cristo como *la Palabra*, como *la Verdad*. **Lo que Dios llama *su obrar* se mide por la fuente que está gobernándola.** Pedro escribe: «*Si alguno habla, hable conforme a las palabras de Dios*» (1 P 4:11). Esto es lo que imperiosamente necesitamos en este tiempo: *volver a casa, volver a La Palabra, volver a Él.*

PARTE I

Por qué la Iglesia no reproduce el modelo

Como uno de tantos líderes de esta generación que cree en la profecía de Hageo 2:9 que dice que «la gloria postrera de esta casa será mayor que la primera», me pregunto: ¿cómo es que estamos tan lejos de comprender a qué se refiere Dios cuando dice esto?

En el libro de Romanos 8:29, Dios revela su eterno propósito para cada una de nuestras vidas como hijos, el eje gravitacional de todas nuestras decisiones, para vivir en el Reino de Dios hasta el día de nuestro encuentro con Él: «Ser conformados a la imagen de su Hijo».

Este único modelo escritural centrado en la persona de Cristo es insustituible. Es el modelo puesto por Dios, el de los apóstoles y el de la Iglesia primitiva. Ellos nunca fueron invitados a recibir a Jesús en sus corazones como alguien que venía para restaurar sus vidas pasadas, sino que fueron invitados a morir, yendo en pos de Él, negándose a sí mismos, tomando la cruz para nacer del Espiritu a una nueva creación que expresa su vida, su naturaleza, su obrar y todo el propósito por el cual fuimos creados. Sabían, y estaban convencidos de que Cristo se había dado a conocer en sus vidas para hacer todas las cosas nuevas. Comprendieron que Jesús había venido a establecer un Reino, y que amarlo era seguir renunciando a sus propias vidas.

En un momento de una enorme transculturación en la Iglesia de Jesucristo, este es un punto en el que debemos recapacitar y entender por qué la Iglesia no está reproduciendo este modelo.

Estos son algunos de los motivos de este problema:

CAPÍTULO 1

Una semilla que no puede dar fruto

En el capítulo 4 del libro de Marcos, Jesús enseñaba a través de una parábola acerca de un sembrador que salió a sembrar, donde la semilla que sembraba representa la Palabra de Dios. Esta cayó en cuatro lugares diferentes, pero la única que no murió fue aquella que cayó en buena tierra, y dio fruto al treinta, al sesenta y al ciento por uno.

También en Mateo 13, Jesús dice que el Reino de Dios es semejante a una red que, echada en el mar, recoge toda clase de peces y, cuando esta se llena, los pescadores la sacan a la orilla, recogen lo bueno en cestas y lo malo es echado fuera. Dijo Jesús: «*Así será el fin de los siglos, saldrán los ángeles y apartarán los malos de entre los justos, y los echarán en el horno de fuego, donde será el lloro y el crujir de dientes*».

Y, en el capítulo 7 de Mateo, como parte del Sermón del Monte, Jesús enseña que hay árboles buenos y árboles malos, que el buen árbol da buenos frutos, pero el árbol malo da frutos malos. No solo eso, sino que aquel árbol que no da buenos frutos es echado en el fuego. Seguidamente, el Señor pone luz y nos enseña sobre la eternidad de nuestras almas, pronunciando uno de los pasajes de Las Escrituras que más temor de Dios produjo en mí desde los días de mi adolescencia hasta hoy. Jesús dijo: «*En aquel día muchos me dirán: Señor, Señor, ¿no profetizamos en tu nombre, y en tu nombre echamos fuera demonios, y en tu nombre hicimos muchos milagros?* Y entonces el Señor les declara: *Nunca os conocí; apartaos de mí, hacedores de maldad*» (Mt 7:22-23). Jesús les estaba diciendo: «Apártense de mí, ustedes que dicen ser mis discípulos y, sin embargo, viven como si Dios no estuviera sentado en el trono».

Es inevitable darse cuenta de que en este pasaje aparecen pastores, apóstoles, profetas y líderes de las iglesias diciéndole al Señor, en el día de su encuentro cara a cara con Él, que lo conocen, que lo sirvieron fervientemente y que hicieron milagros en Su nombre. No obstante, el Señor les dice que nunca los conoció, que no sabe quiénes son, y les ordena que se aparten de Él, llamándolos *hacedores de maldad*. Claramente podemos entender que lo más importante no es lo que hacemos ni lo que decimos, sino quiénes somos en Él; tampoco lo es nuestra idea de conocimiento de su persona, sino lo que Dios llama ser conocidos por Él. ¡Si el Señor no tiene nuestro corazón, si no tiene el gobierno de nuestra vida, entonces, no tiene nada!

También queda claro que todo servicio a Él, por más prolongado que sea a lo largo de nuestra vida, y aunque esté acompañado de señales de poder, no cuenta si Dios no es el dueño de nuestra vida y el móvil de todo obrar. Pueden ser de gran bendición para mucha gente, incluso estar frente a congregaciones multitudinarias donde muchas personas son salvas, pero para Dios nada de eso cuenta si sus vidas no le pertenecen a Cristo. El Señor enseña más sobre esto en Mateo 7:21 cuando dice: «*No todo el que me dice: Señor, Señor, entrará en el reino de los cielos, sino el que hace la voluntad de mi Padre que está en los cielos*».

¡No deja duda de que los que van a heredar el Reino de Dios son los que, renunciando a sus propias vidas, viven para la gloria de Dios haciendo la voluntad del Padre!

Vivimos tiempos en que gran parte de la Iglesia predica acerca de un tipo de fe que intenta poner a Dios a nuestro servicio, en lugar de ponernos a nosotros al servicio de Dios. Se trata de una fe ilusoria que solo puede conducir a la gente a un bienestar momentáneo o a un positivismo pasajero, pero con un final de muerte. Predican una semilla que no puede dar fruto, que no dice la verdad y que no nos alinea al camino diseñado por Dios para nuestras vidas. ¡Necesitamos estar alerta! Es como una semilla de plástico que, por más que la riegues, abones la tierra y tengas todos los cuidados necesarios para que germine, ¡es imposible que esto ocurra! Es una cuestión de naturaleza; no hay vida en esta y, si no tiene vida, mucho menos tendrá fruto.

Todo camino es importante por el destino al que te conduce, y en este punto crucial están puestas las palabras de Jesús al decir: «No se equivoquen. Si el Evangelio que siguen me coloca a Mí como su servidor, entonces tomaron el camino equivocado». Este no es, precisamente, el camino que conduce a la vida. No porque Dios no sea un padre que anhela el bien para sus hijos, sino que, por el contrario, nos hace saber que solo el bien les ocurre a los que lo aman, a los que, conforme a su propósito, son llamados, pero nos aclara que ese bien está añadido a Él, y a la búsqueda primeramente de su Reino y de su justicia. Ese orden lo puso Dios.

Lo más importante y urgente en esta parte del relato es que la verdad sea vista, que el retraso que produce la falta de revelación y entendimiento de la verdad cobra vidas permanentemente. ¡El Evangelio es urgente! Somos la expresión de la vida de Dios en la Tierra mediante el cuerpo de Cristo al cual pertenecemos. Sabemos que muchos son los llamados y pocos los escogidos, que el camino es angosto y que la puerta es estrecha, pero Jesús no vino para condenar, sino para que el mundo sea salvo por Él, ¡esa es la gran noticia que portamos!

Jesús dijo: «*Yo soy el camino, la verdad y la vida*» pero, además, aclaró que, *si Él no es el camino en cada una de tus decisiones, entonces tampoco puede ser la meta.*

La madre de Juan y de Jacobo le pidió a Jesús que ubicara a sus hijos uno a su izquierda y otro a su derecha en su Reino, a lo que Jesús le respondió: «*¡No sabes lo que pides! Yo no soy solo el "qué" sino el "cómo"*». Su deseo era bueno, pero hay un camino, y es la decisión del Padre. Es por eso que continúa afirmando: «*Nadie viene al Padre si no es por mí*» (Jn 14:6). Tenemos que recuperar el Evangelio de Jesucristo, el que anuncia la salvación eterna en el glorioso establecimiento de su Reino.

CAPÍTULO 2

Deseo de realización personal

En cierta oportunidad, una discípula de Teresa de Calcuta le expresó que su mayor deseo era servir entre los enfermos de lepra, que sin duda esa era su vocación. Es probable que muchos de nosotros la hubiéramos felicitado por ese sentimiento tan noble y la hubiéramos animado a hacerlo, pero Teresa le indicó: «Te equivocas por una sola cosa, y es que **la única vocación para un hijo de Dios es pertenecerle a Él, y Él es el que provee los medios para expresar esa pertenencia**». La vocación no son los leprosos, sino Cristo.

En otra oportunidad, un joven que tenía mucho dinero se acercó a Jesús, y le preguntó: «¿Qué bien tengo que hacer para heredar la vida eterna?». Jesús le respondió: «Guardar los mandamientos», y le describió algunos de estos. El joven le dijo: «Todo esto lo he guardado desde mi juventud, ¿qué más me falta?». Entonces, Jesús, «mirándole, le amó». ¡Me resulta tan especial que La Escritura aclare que, antes de hablar y responder, Jesús «le amó»! Concretamente, porque **el amor no es cómplice del**

error. El amor procura salvar, dice la verdad y conduce a la vida. Y entonces prosiguió: «Vende todo lo que tienes, y dalo a los pobres, y tendrás tesoro en el cielo; y ven, sígueme, tomando tu cruz». Jesús le estaba diciendo: «¡Dame el gobierno de tu corazón, **no me uses para acrecentar tu bienestar, dame el control de tu vida, así como la viuda pobre que da todo su sustento porque, donde está tu tesoro, allí está tu corazón**!». El dinero nos permite hacer lo que nos gusta, pero Dios no quiere que hagas lo que a ti te gusta, sino todo lo que a Él le gusta. La vida del hombre no consiste en la abundancia de los bienes que posee. ***No se puede vivir para Dios si se quiere vivir para uno mismo.***

La historia cuenta que, al escuchar la respuesta de Jesús, este joven se fue triste. Era mucho el dinero que tenía, y las finanzas ocupaban un lugar muy importante en su corazón. Jesús le estaba diciendo: «Si el dinero es un estorbo para que yo sea el único que está sentado en el trono de tu vida, entonces sácatelo de encima, porque no se puede amar a dos señores. Tu corazón debe tener un dueño, y esa es la decisión que tú debes tomar.

Recuerdo los días en que Dios estaba poniendo luz sobre mi comprensión del Reino cuando, en medio de una oración, me interrumpió para decirme: «Hijo, ¿cuándo vas a dejar de soñar, y me vas a dejar a mí soñar con tu vida?». Su sueño era el propósito por el cual me creó a mí y a todas las cosas. **Era Cristo quien tenía que ser formado en mí, de tal manera que el Padre pueda ver lo único y todo lo que lo glorifica y lo satisface por completo, su Hijo, su Hijo expresándose en mí.**

Lo recuerdo como uno de los días más importantes de mi vida. Era tan claro y veraz que me sorprendí a mí mismo de haber tenido esta verdad tan simple y clara como vital, velada por tanto tiempo. En ese instante, todo el Evangelio empezó a pasar por mi mente, pasaje tras pasaje, cada enseñanza, todo lo aprendido desde mi niñez. Recordé a Jesús diciéndole a Nicodemo que es necesario nacer de nuevo, y que el que no nace de nuevo no puede ver el Reino de Dios. Que para ello es necesario morir, ya que nadie puede nacer de nuevo si primero no muere. Morir a uno mismo incluye *todo*: deseos, bienes materiales, ambiciones personales, proyectos de vida, sueños... ¡todo! También fue Jesús quien dijo: «*El reino de los cielos es semejante a un tesoro escondido en un campo, el cual un hombre halla, y lo esconde de nuevo; y gozoso por ello va y vende todo lo que tiene, y compra aquel campo*» (Mt 13:44). Y continuó diciendo: «*También el reino de los cielos es semejante a un mercader que busca buenas perlas, que habiendo hallado una perla preciosa, fue y vendió todo lo que tenía, y la compró*» (Mt 13:45-46). Cada una de estas personas entendió que no tendrían «el tesoro» si antes no vendían primero *todo* lo que tenían. Claro que esa decisión estaba puesta sobre la valoración de ese tesoro, la cual era tan alta como para vender todo lo que tenían a cambio de quedarse con Él.

Es importante recordar que Jesús fue quien primero perdió todo por amor a nosotros, y nos convirtió, así, en una perla de gran precio. Si no dejamos todo para buscarlo a Él, entonces, seguimos siendo nosotros la perla de gran precio, y no Él. El apóstol Pablo se refiere a este tema diciendo: «*Pero cuántas cosas eran para mí ganancia, las he estimado como pérdida por amor de Cristo. Y ciertamente, aún estimo todas las cosas como pérdida por la excelencia del conocimiento de Cristo Jesús, mi Señor, por amor del cual lo he perdido todo, y lo tengo por basura, para ganar a Cristo*» (Flp 3:7-8).

Cada cita, cada pasaje bíblico nos da a entender que **el Reino de Dios es tan pero tan valioso que perder todo en este mundo para obtenerlo es un intercambio gloriosamente exitoso.**

Mateo 13 nos dice que, cuando el hombre encuentra el tesoro, le produce un gozo de tal magnitud que vende todo lo que tiene con el único objetivo de obtenerlo. La Palabra nos ilumina para entender que **lo que nos llena de gozo, lo que nos satisface completamente no son los regalos de Dios, sino Cristo mismo y la gloria de su nombre,** ¡que el tesoro por el cual vale la pena perder todo es Cristo mismo!

La verdad es que, si nunca fuiste a Cristo, como lo que Él es, el tesoro de tu vida, entonces nunca fuiste a Él.

El mismo Jesús, al anunciar su muerte, nos dijo: «*Porque todo el que quiera salvar su vida, la perderá; y todo el que pierda su vida por causa de mí, la hallará*» (Mt 16:25). Si supieras que seguir a Cristo podría costarte la vida, ¿lo seguirías? **Frente a la cruz, es imposible permanecer indiferente, porque la decisión que tomemos sobre ella decidirá nuestro futuro eterno.**

Se trata de vida o muerte, de salvación o de condenación eterna. Lo tomas o lo dejas.

Pablo decía: «Estoy crucificado junto a Él, llevo por todas partes la muerte de Cristo y, si vivo, vivo para Él y, si muero, muero para Él».

La Palabra de Dios siempre nos deja claro que hay solo dos reinos: el de la luz, si decides vivir para Dios, o el de las tinieblas, si decides vivir para ti mismo. La palabra es clara; jamás es ambigua. Jamás se contradice.

En el evangelio de Juan, capítulo 6, luego del milagro de la multiplicación de los panes y los peces, en el cual Jesús dio de comer a cinco mil hombres (sin contar las mujeres y los niños), «*aquellos hombres, viendo la señal que Jesús había hecho, dijeron: Este verdaderamente es el profeta que había de venir al mundo. Pero Jesús, entendiendo que iban a venir a apoderarse de Él y a hacerle rey, volvió a retirarse al monte Él solo*».

Este es el mismo espíritu por el cual hoy las masas corren detrás de aquellos predicadores de la prosperidad. Nos ofrecen un Dios que nos provee a nuestro gusto, y en la forma en que creemos necesitar: alimento, salud, dinero, etc. ¡Las personas querían apoderarse de Jesús! Este era el rey que ellos querían, ¡un rey a su servicio! Pero nadie puede poseer a Dios, nadie puede apropiarse de Él. Sin embargo, a veces, los hijos de Dios hablamos como si fuéramos los dueños de la verdad. Pero no solo no podemos adueñarnos de esta, sino que ni siquiera debemos ser intérpretes de esta. Lo único que podemos hacer es sujetarnos a ella, puesto que la verdad es imposible de modificar, es indestructible. El relato concluye diciendo: «Pero entendiendo Jesús esto, se retiró». ¡El Señor se fue!, cuando queremos apoderarnos de Él, Dios se va.

Al otro día, estando Jesús en Capernaum, ya del otro lado del mar, la gente lo buscaba. Hallándolo, le dijeron: «Rabí, ¿cuándo llegaste acá?». Jesús, conociendo sus corazones, les dijo: «Ustedes me buscan, no porque vieron las señales, sino porque comieron el pan y se saciaron». Entonces, Jesús, con breves y maravillosas palabras llenas de misericordia, les respondió: «No trabajen por la comida que perece, sino por la comida que permanece para vida eterna». Les explicó que, al día siguiente iban a volver a tener hambre, pero, si comían de Él —que es el pan de vida—, nunca más iban a tener hambre y, si creían en Él, no iban a tener sed jamás.

Si Dios nos diera todo lo que queremos, entonces, estaría formando un pueblo egoísta, autocomplaciente, financiado por Dios. El milagro es que el pan de vida satisface, no necesitamos mirar a otro lado, no necesitamos otra cosa más que a Él. En Él nos fueron dadas todas las cosas y, porque sabemos que, si Dios es nuestro *todo*, entonces no nos faltará *nada*. Como podría yo no haber entendido al Señor esa madrugada cuando me dijo: «El deseo de realización personal es un veneno en el corazón de mi iglesia».

La lista puede ser interminable: tener un ministerio poderoso, una Iglesia numerosa y (si es posible) la más grande de la ciudad o del país, ser reconocidos, ser elocuentes, viajar por el mundo, escribir libros, grabar discos y vender muchos de estos, llenar estadios... Puedes estar pensando en estos y otros objetivos que pasan en este instante por tu mente, pero la pregunta es qué tiene que ver todo esto con la Iglesia que Dios desea construir. ¡Dios no nos llamó a esto!

No se trata de tamaño, ni de cifras; se trata de que Cristo ahora es nuestra vida. No somos nosotros, sino Cristo en nosotros. Es Dios quien nos dio su corazón de manera que Él pueda hacer en nosotros y a través de nosotros lo que Él se propuso hacer desde tiempos eternos. Con un profundo alivio recordé también, entre otras cosas, que «*fuimos comprados a precio de sangre*» (1 Co 7:23), le pertenecemos de tal manera de que Él debe tener la completa libertad de avanzar con el propósito por el cual nos creó, sin tener que preguntarnos previamente si estamos de acuerdo o disponibles para ello.

Dios no financia el sueño de nadie: es el sueño de Dios el que tiene que cumplirse en nuestras vidas.

Hablamos de vivir teniendo siempre el mismo sentir que hubo en Cristo Jesús, el cual se humilló a sí mismo por amor hasta la muerte, porque esa es la luz que vino al mundo, porque ese es su propósito. Si lo demás viene, vendrá añadido Él, de manera que produzca en su Iglesia los frutos inequívocos del Espíritu Santo de Dios.

CAPÍTULO 3

No es para cuadrar cifras

En el capítulo 8 del libro de los Hechos, un ángel del Señor le habló a Felipe diciendo: «*Levántate y ve hacia el sur, por el camino que desciende de Jerusalén a Gaza, el cual es desierto. Entonces él se levantó y fue. Y sucedió que un etíope, eunuco, funcionario de Candace reina de los etíopes, el cual estaba sobre todos sus tesoros, y había venido a Jerusalén para adorar, volvía sentado en su carro, y leyendo al profeta Isaías. Y el Espíritu dijo a Felipe: Acércate y júntate a ese carro*». Felipe se acercó al carro y le preguntó al eunuco si entendía lo que leía. El eunuco respondió que no, y que necesitaba que alguien le explicara. «*Entonces Felipe, abriendo su boca, y comenzando desde esta escritura, le anunció el Evangelio de Jesús*». ¿Cómo termina la historia? ¡El eunuco creyó y fue bautizado!

En este relato podemos ver varios detalles muy importantes. En primer lugar, Felipe no estaba buscando un resultado, sino solo obedecer a Dios. Cuando el ángel le habló, Felipe se encontraba en Samaria. Allí había un gran avivamiento, pero Dios lo enviaba al desierto, a predicarle a una sola persona. ¡Esto contradice todas las expectativas! ¿Cómo iba a salir Felipe de un lugar en donde su presencia era *más efectiva*, y donde mucha gente se convertía, para irse al desierto, dejándolo todo, por una sola persona? El punto es que Felipe conocía el corazón del Señor y sabía que Dios es quien construye la Iglesia y que, si no es Él quien la construye, en vano trabajan los que la edifican. Así fue cómo, en obediencia, caminó cien kilómetros desde Samaria hasta el lugar donde el Señor lo mandaba. ¡Ni se le ocurrió decirle al Señor que el lugar quedaba lejos o que tal vez era mejor que les pidiera a los hermanos que estaban en Jerusalén que fueran ellos, ya que les quedaba más cerca! Pero no lo hizo porque ese era su privilegio: estar en el lugar donde Dios quería que él estuviera porque, para los hijos de Dios, el éxito es la fidelidad, lo máximo que podemos alcanzar como sus hijos.

Otro detalle es que el eunuco etíope había ido a Jerusalén ¡para adorar! Esto no es un detalle menor. De Etiopía a Jerusalén hay más de 2500 km de distancia y, si a esto le sumamos que iba en un carro tirado por un solo caballo, podemos afirmar que el eunuco tardó cerca de un mes y medio en llegar a Jerusalén para adorar a Dios. Cuando uno repasa estos detalles, entiende un poco mejor por qué Dios se ocupó de ese hombre. Y es porque a Dios le interesa ese tipo de gente. ¡Dios vio su corazón! Si repasamos la historia, vemos que la segunda nación africana que fue declarada cristiana en el año 200 ¡fue Etiopía! Me pregunto... ¿quién habrá llevado el Evangelio a ese lugar?

No son las cifras; es el propósito, es la voluntad de Dios. ¡Dios siempre hace lo que conviene!

Volviendo al relato de la alimentación de los cinco mil, La Biblia cuenta que, después de que la multitud recibió palabra, milagros y alimento, el Señor les enseñó que lo más importante era Él. Les recordó que sus padres habían comido del maná y murieron pero, si ellos comían de su cuerpo y bebían de su sangre, tendrían vida eterna, y Él mismo los resucitaría en el día postrero. Al escuchar esto, todos comenzaron a murmurar. Puedo imaginar sus conversaciones: «¿Este se cree que por un poco de pan y un poco de pescado voy a dejar todo para seguirlo?, ¿cree que voy a ponerlo en mis decisiones antes que a mi familia, mi trabajo y, lo que es peor, antes que al sueño por el que luché toda mi vida? Muy lindas sus palabras; reconozco que tiene poder, ¡pero está loco!».

La multitud consideraba que el costo de seguir al Señor era demasiado alto. Al mismo tiempo, sus discípulos más cercanos le decían a Jesús: «Señor, nos parece que esta vez se te fue la mano. ¿No será mucho? Son palabras muy duras...». Entonces, Jesús, a quien en materia de amar nadie le gana, les dijo: «¿Quieren acaso irse ustedes también?».

¿Te imaginas a un líder de la Iglesia hacer esto hoy? ¡Su pastor se enfurecería! Bajo la consigna de que el Evangelio es para atraer a la gente, y no para espantarla, quizás más de uno en el lugar de Jesús hubiera acomodado el mensaje para que la gente no se fuera. Si lo mismo hubiese sucedido en alguna de las iglesias de la actualidad, seguramente, los discípulos le habrían dicho a Jesús: «Señor, no sé si está bien que les hables así a estos hermanos... Conviene que trates de entender lo que te quieren decir. Mira, ¡mucha gente se está yendo!, y entre ellos hay pastores que convocan a muchos; tienen iglesias grandes, muchos seguidores en redes sociales y, cuando postean una frase, reciben cientos de miles de "Me gusta"». A esto Jesús respondería: «¿Qué tiene que ver todo esto con el Evangelio? ¡Si no me rinden sus vidas para seguirme, se perderán ellos y todos los que los sigan!». Jesús es concreto. Él nunca predicó otro evangelio. El mensaje de Jesús era radical, y los que lo seguían eran personas que tomaban decisiones radicales.

No se trata de cuadrar cifras, de llenar iglesias o estadios, sino de hacer la voluntad de Dios para que su propósito se cumpla en cada uno de nosotros. ¡Es Dios quien construye la Iglesia! ¡Démosle nuestra vida a Dios, y Él va a llenar la casa!

CAPÍTULO 4

No hay reino sin cruz

El capítulo 4 del evangelio de Mateo nos relata el episodio de la tentación de Jesús. El versículo 8 dice: «*Otra vez le llevó el diablo a un monte muy alto, y le mostró todos los reinos del mundo y la gloria de ellos, y le dijo: Todo esto te daré, si postrado me adorares*». En otras palabras, el diablo le está diciendo a Jesús: «Te ofrezco lo mismo que tú viniste a buscar, pero yo te lo doy sin que seas vituperado, sin el oprobio, sin necesidad de pasar por la cruz». Y agregó: «Yo te lo puedo dar porque me fue entregado. El Señor se lo había dado a Adán, pero él lo perdió cuando pecó, y se puso bajo mi autoridad». Satanás creía que, si había podido hacer pecar al primer Adán, también podría hacer lo mismo con el segundo. Pero Jesús le respondió: «Vete, Satanás, porque escrito está: "Al Señor tu Dios adorarás, y a Él solo servirás"». **No existía posibilidad de que Jesús pudiera establecer su Reino si no llegaba a la cruz, y Satanás lo sabía.**

En Mateo, capítulo 16, a partir del versículo 21, leemos: «*Comenzó Jesús a declarar a sus discípulos que le era necesario ir a Jerusalén y padecer mucho de los ancianos, de los principales sacerdotes y de los escribas; y ser muerto, y resucitar al tercer día. Frente a estas palabras, Pedro, tomándolo aparte, intentó convencerlo diciéndole: Señor, ten compasión de ti; en ninguna manera esto te acontezca*». Pero Jesús le respondió: «¡Quítate de delante de mí, Satanás!», y le explicó el motivo de tan tremenda exhortación, diciendo: «*porque me eres tropiezo, porque no pones la mira en las cosas de Dios, sino en las de los hombres... Porque todo el que quiera salvar su vida, la perderá; pero todo el que pierda su vida por causa de mí, la hallará*». **Si Jesús hubiera tenido compasión de sí mismo, no hubiera podido tener compasión de nosotros**, no hubiera ido a la cruz, y sin la cruz no habría salvación ni Reino de Dios. Esa es la misma razón por la que el autocomplaciente no puede dar, ¡porque todo el tiempo está pendiente de sí mismo, de su propia necesidad! Los hijos de Dios que entienden que en Cristo nos fueron dadas todas las cosas viven conscientes de que la vida del hombre no consiste en la abundancia de bienes que posee, ellos saben que son ricos en Él, que esa es su realidad eterna en Cristo, y de esa abundante riqueza pueden dar.

Todo lo que pretenda impedir la cruz de Cristo proviene de Satanás. Su intervención se debe a que en la cruz está su derrota. De la misma manera que ocurrió hace más de dos mil años con Cristo, esto sucede con tu vida hoy a través de Él. Si te bajas de la cruz, no hay muerte y, si no hay muerte, no hay resurrección y, si no hay resurrección, no hay vida; ganan la muerte y Satanás. Pero, si abrazamos la cruz, ella cumplirá su labor y, en los procesos de Dios, llegará el día en que el viejo hombre dará señales reales de muerte y, con él, la victoria en Cristo sobre esta y sobre el que tenía el poder de la muerte. Todo nuestro esfuerzo debe estar puesto en llegar a la cruz. Ese es el objetivo, es ahí donde toda nuestra redención es consumada. Se trata de querer llegar, de desearla. La cruz es el abrazo de Dios, que está tratando con nuestra vida. ¿Cómo voy a querer escapar de la cruz?, ¿cómo voy a quejarme de ella?

Más tarde, el mismo Jesús, al anunciarles a dos de sus discípulos que la hora había llegado, dijo: «Si el grano de trigo no cae en tierra y muere, queda solo; pero si muere, lleva mucho fruto». También les dijo: «Todo aquel que quiera salvar su vida la perderá; pero todo aquel que pierda su vida por causa de Él la hallará».

Luego, en Juan 12:27, Jesús dijo algo muy importante de entender: «*Ahora está turbada mi alma; ¿y qué diré? ¿Padre, sálvame de esta hora? Mas para esto he llegado a esta hora». El Señor había llegado a donde se había propuesto llegar, y dijo: «Padre, ahora, glorifica tu nombre...»*. Ese es el camino, esa es la meta, y se transita juntamente con Cristo, todo en plena semejanza.

Un ejemplo claro ocurre más tarde con el mismo Pedro en el momento de la negación. Unos instantes antes, Pedro había confesado que seguiría a Jesús aun a costa de perder su propia vida pero, solo un rato más tarde, él solo quería conservarla. Esta es una historia que se repite. A veces sentimos que amamos al Señor de todo corazón, pero al mismo tiempo **vivimos tanto en el área de las emociones que pensamos que somos lo que sentimos.** Si Dios no destruye nuestra autoconfianza, vamos a seguir siendo enganados por nuestros propios sentimientos. **No es a la obra cristiana a la que debemos estar consagrados, sino a la voluntad de Dios, para ser y hacer todo lo que el Señor desea y espera de nosotros.** El gran Pedro aprendió esta verdad con dolor: no podemos seguir a Jesús si queremos conservar nuestra vida.

Nadie duda de que, cuando Pedro dijo: «Señor, ten compasión de ti», era porque amaba al Señor y, porque debido al amor que tenía por Él, no quería que sufriera. Pero lo que Jesús dejó bien en claro es que mucho de lo que nosotros llamamos *amor* Él no lo llama de la misma manera. La Biblia dice que Dios es amor, y en esa misma revelación de su persona, nos instruye de qué manera Él debe ser amado, expresando así, la sustancia de su eterno propósito para nuestras vidas.

Luego de haber corregido a Pedro, Jesús les habló a sus discípulos: «*Si alguno quiere venir en pos de mí, niéguese a sí mismo, tome la cruz, y sígame. Porque todo el que quiera salvar su vida, la perderá; y todo el que pierda su vida por causa de mí, la hallará*» (Mt 16:24-25).

T. Austin-Sparks decía:

> *La inalterable base para que se nos abra el Cielo es una tumba y una crisis en la que uno ha llegado al fin de su propia vida egoísta. Es la crisis de una experiencia real de identificarse con Cristo en su muerte.*

No cabe duda de que el mensaje del Evangelio es contracultural: si amo a Dios, entonces, primero tengo que perder la vida; a eso Dios llama *amor*; pero, si pierdo la vida, me encuentro con Él, y en Él está la vida. En la cruz Jesús puso su vida por amor a nosotros, y hoy la cruz nos sirve a nosotros para perder nuestra vida por amor a Él, de manera que su vida sea ahora nuestra vida.

La cruz es también un lugar donde el condenado pierde todos sus derechos. Ese es el mismo camino que transitó Jesús, pero nunca olvidemos que, después de la pasión, siempre viene la alegría de la resurrección. ¡Ninguna pena o dolor debería tener el poder de robarnos la alegría eterna del Cristo resucitado en nuestras vidas!

C. S. Lewis se refería a esto diciendo:

> *Cristo dice: «Dame todo. Yo no quiero todo tu tiempo, ni todo tu dinero, ni todo tu trabajo: te quiero a ti. No he venido para atormentar tu ego natural, sino para matarlo. Ninguna medida a medias es buena. No quiero cortar una rama aquí y otra por allá, quiero tumbar todo el árbol. A cambio te daré a mí mismo. Mi propia voluntad será la tuya».*

En Filipenses 3:18-20 Pablo escribió: «*Porque por ahí andan muchos, de los cuales les dije muchas veces, y aun ahora lo digo llorando, que son enemigos de la cruz de Cristo; el fin de los cuales será perdición, cuyo dios es el vientre, y cuya gloria es su vergüenza; que solo piensan en lo terrenal. Mas nuestra ciudadanía está en los cielos, de donde también esperamos al Salvador, al Señor Jesucristo*». Cuando Pablo dice que nuestra ciudadanía está en los Cielos, de alguna manera está indicando: «¡No acumulen; esta no es nuestra patria! Guarden tesoros en el cielo, donde ni la polilla ni el orín corrompen, y donde ladrones no minan ni hurtan». Recuerdo una frase de Jim Elliot, un hombre que, literalmente, perdió su vida por amor a Cristo, que decía: «No es tonto aquel que da lo que no puede retener, para ganar lo que no se puede perder».

Jesús siempre dejó en claro que seguirlo a Él implicaría poner en riesgo nuestra seguridad y nuestra satisfacción temporal, pero que también nos conduciría a una recompensa revolucionaria que este mundo no podría ofrecer jamás.

El que no renuncia a todo lo que posee, dice el Señor, no puede ser mi discípulo, esencialmente porque no hay Reino sin cruz, y sobre todo, nunca nos olvidemos que la cruz no termina en la muerte, sino en la resurrección. Vamos a ella para resucitar.

CAPÍTULO 5

El costo de seguirlo

Cuando pensamos en tanta gente que quedó en el camino, necesitamos hacernos una pregunta: ¿habrán comprendido de qué se trataba esto?

En Lucas 14:26-30, de una manera categórica y cruda, Jesús le habla a la multitud sobre el costo de seguirlo, diciendo: «*Si alguno viene a mí, y no aborrece a su padre, y madre, y mujer, e hijos, y hermanos, y hermanas, y aun también su propia vida, no puede ser mi discípulo. Y el que no lleva su cruz y viene en pos de mí, no puede ser mi discípulo. Porque ¿quién de ustedes, queriendo edificar una torre, no se sienta primero y calcula los gastos, a ver si tiene lo que necesita para acabarla? No sea que después que haya puesto el cimiento, y no pueda acabarla, todos los que lo vean comiencen a hacer burla de él, diciendo: Este hombre comenzó a edificar, y no pudo acabar*». Luego, en el versículo 33, agrega: «*Así, pues, cualquiera de ustedes que no renuncia a todo lo que posee, no puede ser mi discípulo*». En otras palabras, el Señor estaba diciendo: «¡Calculen los costos!». Antes de edificar, antes de marchar a la guerra, ¡hay que hacer cálculos! Y, para cualquier presupuesto que tengamos que hacer, nos urge saber de qué se trata ese tramo que estamos decididos a construir. La predicación del Evangelio es la expresión de la vida de Cristo en nosotros. De hecho, Cristo es el Evangelio; es por eso que necesitamos predicarlo como lo hacía Jesús, ya que solo así nos aseguraremos de no estar plantando una semilla que no pueda dar fruto.

Desde la perspectiva que estamos evaluando, existen dos motivos por los cuales una persona puede perderse en el camino:

1. La persona no calcula el costo, o
2. aquel que tiene autoridad espiritual sobre su vida no le ha explicado qué significa seguir a Jesús.

- Santiago 3:1 dice: «*Hermanos míos, no se hagan maestros muchos de ustedes, sabiendo que recibiremos mayor condenación*».
- Lucas 9:57-62 nos narra que, yendo de camino, un discípulo le dijo a Jesús: «*Señor, te seguiré adondequiera que vayas». A lo que Jesús respondió: Las zorras tienen guaridas, y las aves de los cielos nidos; mas el Hijo del Hombre no tiene dónde recostar la cabeza. Y dijo a otro: Sígueme. Él le dijo: Señor, déjame que primero vaya y entierre a mi padre. Jesús dijo: Deja que los muertos entierren a sus muertos; y tú ve, y anuncia el Reino de Dios». Entonces, otra persona que estaba allí añadió: «Te seguiré, Señor; pero déjame que me despida primero de los que están en mi casa. Y Jesús volvió a decir: Ninguno que poniendo su mano en el arado mira hacia atrás, es apto para el Reino de Dios*».

En estas citas bíblicas, el Señor describe una clase de gente que no estima su vida como preciosa porque ha decidido perderla por amor a Él, personas con las maletas siempre listas para ir a donde Dios les indique, personas que viven peligrosamente, entregadas a un tesoro que supera el valor de todo lo que tienen o creían poseer.

Luego, en el mismo libro de Lucas, en el capítulo 14, Jesús continúa enseñando a través de una parábola: «*Un hombre hizo una gran cena, y convidó a muchos. Y a la hora de la cena mandó a su siervo a decir a los convidados: Vengan, que ya está todo preparado. Y todos, uno a uno, comenzaron a excusarse. El primero dijo: He comprado una casa y necesito ir a verla. Por favor, te ruego que me excuses. Otro dijo: He comprado cinco yuntas de bueyes, y voy a probarlos; te ruego que me excuses. Y otro, tal vez el más comprensible a los ojos del mundo, dijo: Acabo de casarme, y por tanto no puedo ir. Vuelve el siervo, y le hace saber estas cosas a su señor. Entonces el padre de familia enojado, le dice a su siervo: Ve pronto por las plazas y las calles de la ciudad, y trae ac a los pobres, los mancos, los cojos y los ciegos. Y dijo el siervo: Señor, se ha hecho como mandaste, y aún hay lugar. Entonces dijo el señor al siervo: Ve por los caminos y por los vallados, y fuérzalos a entrar, para que se llene mi casa. Porque les digo que ninguno de aquellos hombres que fueron convidados, gustará mi cena*»[1]. El Señor estaba diciendo, que si Él no está primero en todas nuestras decisiones, no hay Reino de Dios en nuestra vida. Y concluye diciendo: «*Ninguno de aquellos hombres que fueron convidados, gustará de mi cena*». Hoy sucede lo mismo: hay tiempo para trabajar, tiempo para comer, tiempo para descansar, etc., pero no hay tiempo para Dios. Pero hay algo mucho más serio de entender: el Evangelio no pone a Dios en nuestra agenda, sino que nos pone a nosotros

1. Lucas, capítulo 14, a partir del versículo 16

en la agenda de Dios. Nuestra vida le pertenece por completo a Él. Debido a esta realidad gloriosa, Jesús nos enseñó a orar al Padre diciendo: «Venga a nosotros tu reino y hágase tu voluntad, así en la tierra como en el cielo»; en otras palabras, nos enseñaba a decirle: «Padre, reina en mi vida, en mi casa, en tu iglesia... Señor, ¡reina! Y no hagas lo que yo quiero, sino lo que tú quieras, en el tiempo y en el espacio en que lo desees». No debemos desenfocarnos, ¡Jesús vino a establecer un Reino!, y esto significa que su gobierno eterno debe estar por sobre todas y cada una de nuestras decisiones en esta vida temporal.

Ampliando la enseñanza, en Lucas 17:26-30, leemos: «*Como fue en los días de Noé, así también será en los días del Hijo del Hombre. Comían, bebían, se casaban y se daban en casamiento, hasta el día en que entró Noé en el arca, y vino el diluvio y los destruyó a todos. Asimismo, como sucedió en los días de Lot; comían, bebían, compraban, vendían, plantaban, edificaban; mas el día en que Lot salió de Sodoma, llovió del cielo fuego y azufre, y los destruyó a todos. Así será el día en que el Hijo del Hombre se manifieste*». Al igual que hoy, no hay nada de lo que el hombre identificaría como pecado en estas listas; solo hay personas ocupadas de ellas mismas, pero no de Dios. Entonces, la pregunta a hacernos no es «¿Qué intentamos ser?», sino «¿Cuál es la intención que tuvo Dios cuando nos hizo?».

Si no supiéramos de qué se trata el Evangelio, si no conociéramos el amor, misericordia y poder de Dios, nos preguntaríamos: «*¿Cómo Dios, que es un Dios de amor, nos envió como ovejas en medio de lobos?*» (Mt 10:16). La oveja es un animal completamente indefenso; se asusta fácilmente y frente al peligro no tiene ningún mecanismo de defensa más que correr (con el detalle de que sus depredadores son más rápidos que ella).

Pareciera ser que las palabras de Jesús eran equivalentes a enviar a sus discípulos a una muerte segura pero, a continuación de su extraño llamado, Jesús nos dejó una promesa sublime de amor y cuidado, en la que tres veces les dice: «No teman. No hay nada que temer, yo voy delante de ustedes». De alguna forma Dios nos está diciendo: «Vayan entre personas violentas y malas, en medio del peligro, de manera que, cuando vayan, puedan escuchar a la gente decir: "¿Qué hacen estas personas acá?, ¿acaso no saben dónde se están metiendo? ¡No tienen conciencia del peligro! ¡Están locos!"». Pero la seguridad de la que Jesús habla no está en los bienes que poseemos, ni en la salud, ni en los títulos, sino en un Dios soberano que cuida de nosotros *siempre*, y donde nada, ni un solo cabello de nuestras cabezas, se escapa de su eterna soberanía. Nadie debe meterse en el terreno del diablo si no es Dios quien lo envía; sin embargo, **cuando Dios les dice a sus hijos «¡Vayan!», comienza la *locura divina*.** En Marcos 10:28-30, cuando Pedro le dijo a Jesús: «*Nosotros lo hemos dejado todo, y te hemos seguido*», el Señor les respondió: «*De cierto les digo que no hay ninguno que haya dejado casa, o hermanos, o hermanas, o padre, o madre, o mujer, o hijos, o tierras, por causa de mí y del evangelio, que no reciba cien veces más ahora en este tiempo; casas, hermanos, hermanas, madres, hijos, y tierras, con persecuciones; y en el siglo venidero la vida eterna*». ¡Me hace bien, me anima y aumenta mi fe el escuchar los testimonios de todos esos *locos por Cristo* que forman parte de una cadena de hermanos que, a lo largo de la historia, dieron sus vidas por amor a Él! Me enciende el deseo de ser como ellos, expresando la gloriosa vida de Cristo cada día. Y, **si bien una cadena se corta por un eslabón, decido cada día ser ese eslabón que no se va a cortar.** Jóvenes, muchos de ellos casi adolescentes, perseguidos por causa del Evangelio, glorificando a Dios incluso en el mismo momento de perder sus vidas; padres enterrados vivos junto a sus pequeños hijos mientras elevaban una infinita melodía de adoración a su Señor... Cada vez que el reflejo de sus vidas llega para desafiarme, no puedo dejar de pensar que la perspectiva de Dios es muy distinta a la nuestra. ¡Estas no son historias de tragedia, sino de recompensa!

Cuando leo las palabras de Pablo: «*Porque para mí el vivir es Cristo y el morir es ganancia*» (Flp 1:21), sé que está hablando de una recompensa de carácter eterno. ¿Sabes dónde están hoy todos esos jóvenes, hombres, mujeres y niños?, ¿y sabes dónde van a estar dentro de miles de millones de años? Te lo diré: disfrutando de su recompensa.

No cabe duda de que la recompensa es gloriosa y eterna. Sin embargo, la pregunta sigue flotando en nuestros corazones: *¿estamos dispuestos a pagar el costo?*

CAPÍTULO 6

En busca del líder equivocado

Fue sorpresivo y en verdad agradable saber que Judas Iscariote era amigo de Jesús. Es así como Jesús lo llamó y, a pesar de ser una historia triste, la realidad es que estaba en el eterno plan de Dios aquel que lo iba a traicionar. Hoy, después de tanto tiempo, me doy cuenta de que, al igual que para mucha gente, Judas también existió para mí. Indiscutiblemente, su nombre quedó ligado a la imagen de la traición y de la deshonestidad. ¡Es seguro que ningún padre quisiera ponerle el nombre *Judas* a su hijo! Sin embargo, quisiera analizar aquí algunos detalles de su vida que son relevantes.

Comencemos...

Cuando Jesús eligió a los doce, los llamó y les dio autoridad sobre los espíritus inmundos, para que los echasen fuera, y para sanar toda enfermedad y toda dolencia. Por supuesto, entre los nombres de los doce apóstoles estaba incluido el de Judas Iscariote. Jesús los envió, y les dio instrucciones: «Vayan y prediquen diciendo: "El Reino de Dios se ha acercado". Sanen enfermos, limpien leprosos, resuciten muertos y echen fuera demonios». Y concluye diciendo: «*De gracia recibieron, de gracia den*» (Mt 10:8).

Por lo que vemos, Judas no solo fue amigo de Jesús, sino que también gustó de los dones espirituales dados por Dios. No solo fue un espectador del amor, misericordia y poder de Dios manifestado a través de Jesús; él también fue un protagonista directo. Después de la respuesta de Pedro: «Señor, ¿a quién iremos? Tú tienes palabras de vida eterna», Jesús les dijo: «¿No los escogí a ustedes los doce, y uno de ustedes es diablo?». ¡Jesús siempre supo que Judas lo traicionaría y, sin embargo, era su amigo!

El primer día de la fiesta de los panes sin levadura, ya al anochecer, Jesús estaba sentado a la mesa con los doce y, mientras comían, les dijo que uno de ellos lo iba a traicionar. La Biblia dice que «*entonces los discípulos se miraron unos a otros, dudando de quién hablaba*». Ellos se entristecieron mucho, y uno por uno comenzaron a preguntarle: «¿Acaso seré yo, Señor?». ¡Es que nadie podía sospechar de Judas, de un hermano! ¡Todos juntos habían servido al Maestro durante tres años! En esa circunstancia, Judas era como ese hermano que sirve hace años en el ministerio a tu lado amando al Señor en cada cosa que hacemos con esfuerzo y dedicación. ¿Cómo sospechar de él? ¿Cómo pudo haber estado con el Señor durante tres años completos, haber escuchado sus enseñanzas, haberlo visto hacer milagros, multiplicar los panes, transformar el agua en vino en las bodas de Canaán, resucitar a Lázaro, y luego de ver todo ello, traicionarlo? ¿Qué fue lo que falló en Judas?, ¿acaso no había comprendido?, ¿no había visto suficiente para creer? No. El problema de Judas estaba en su corazón. Él esperaba otro tipo de líder. Un líder que sacara al pueblo de Israel de la esclavitud del Imperio romano. Judas veía que su pueblo, como todo pueblo que vive en esclavitud, estaba sufriendo desprecio, malos tratos, miseria, hambre, humillación, y su espera era por alguien que fuera a acabar con todo eso. Pero lo más sorprendente es que, habiendo estado tan cerca del Maestro, nunca haya comprendido que Jesús no había venido para eso, sino para redimir a toda la humanidad de la muerte y la condenación eterna, y así trasladarla a un reino inconmovible.

La misma noche de la entrega, Jesús se dirigió a Judas diciéndole: «Amigo, ¿a qué vienes a mí?». ¡Esta es una gran pregunta para hacernos cada vez que vamos a Él! *¿A qué vamos?, ¿a pedirle que nos prospere, que nos sane, que nos dé un trabajo nuevo?* Si hiciéramos esto, nos estaríamos equivocando de líder, como lo hizo Judas. **Jesús no vino a librarnos de lo que a nosotros no nos gusta, sino a librarnos de lo que a Él no le gusta.** ¿Por qué motivo vas a Él? Judas, a pesar de haber estado tan cerca del Señor, se perdió...

¿Qué significa esto? **Podemos servir a Dios toda una vida sin amarlo, pero no se puede amar a Dios sin servirlo.** Recuerda: *donde está tu tesoro, está tu corazón.* Es de esta clase de personas de las que Dios se refiere en el libro de Isaías cuando dice: «De labios me honran, pero su corazón está lejos de mí».

Si Dios no logra tener tu corazón, entonces, no tiene nada.

Para que el propósito de Dios se pueda cumplir en nuestras vidas, necesitamos *hacer carne* este principio. Cuando Jesús decía: «*No se afanen, pues, diciendo: ¿Qué comeremos, o qué beberemos, o qué vestiremos? Porque los gentiles buscan todas estas cosas; pero su Padre celestial sabe que tienen necesidad de todas estas cosas. Por eso, busquen primeramente el reino de Dios y su justicia, y todas estas cosas les serán añadidas* (Mt 6:31-33)», nos estaba indicando:

«Ocúpense de mí y Yo me voy a ocupar de ustedes en todo, porque soy su Dios que conoce todo lo que les hace falta y, como Padre amoroso, decidí que todas las cosas los ayuden a bien a los que me aman, esto es, a los que conforme a mi propósito son llamados; porque toda buena dádiva y todo don perfecto descienden de lo alto, del Padre de las luces, en el cual no hay mudanza, ni sombra de variación».

CAPÍTULO 7

Sin arrepentimiento, no hay salvación

Los entendidos en psicología opinan que la conciencia es producto de la cultura, que, en realidad, no existe una conciencia en los seres humanos. ¡Pero, **si no hay conciencia de pecado, no hay culpa y, si no hay culpa, no hay arrepentimiento, y sin arrepentimiento no hay salvación!** Esto también ocurre dentro de la Iglesia, sobre todo cuando el Evangelio que se predica es de *hombres para hombres*. La mayor parte de esta gente, con una conciencia de pecado velada o adormecida, vota por una Iglesia más atractiva, más a su medida y acorde a sus gustos. Idean y reclaman una Iglesia que se identifique con la cultura que aman.

El interpretar la cultura de manera tal de poder amar a la gente de la misma forma en que Dios lo hace, de manera de dar la vida por ellos como Cristo lo hizo por nosotros, y así poder decir: «Si vivo, vivo para Cristo y, si muero, muero para Él», sin hacer ningún tipo de acepción de personas, es el más alto de nuestros privilegios. Sabiendo que **la verdad no es histórica ni cultural, sino eterna,** la Iglesia no está para tomar la forma de las culturas;

por el contrario, está para transformarla, dando a conocer en nuestras vidas la expresión de Cristo en obras y en palabra, una cosmovisión cristiana sobre cada partícula de la vida del hombre y la creación, como una ciudad asentada sobre un monte, que no puede esconderse. ***Si es luz, se difunde. Si no se difunde, entonces, no es luz.***

El Señor nos dijo: «Ustedes son la sal de la tierra; pero, si la sal se desvanece, no sirve más que para ser desechada y avergonzada por los hombres». El Evangelio es una fuerza de choque indomable para transformar la vida de todo aquel que cree en Él.

La Palabra de Dios nos dice que amemos a todos profundamente, pero «no se unan en yugo desigual», porque la luz y las tinieblas no pueden coexistir. Nos dice: «Amen», pero «no aren con buey y con asno juntamente»; amen, pero «no tomen la forma de este mundo, sino más bien sean transformados por medio de la renovación de su entendimiento para que comprueben cuál sea la buena voluntad de Dios, agradable y perfecta».

La primera voz de Dios en el ser humano es la conciencia. Si esta se apaga, en la persona ocurre algo parecido a lo que sucede con el sida. La conciencia es el sistema inmunológico del espíritu y, si no está, nuestro espíritu está condenado a muerte. Es la forma cotidiana en que Dios habla con cada uno de nosotros, y nos muestra lo bueno y lo malo de acuerdo a Su palabra. Si la conciencia se cauteriza o se oscurece, no podemos distinguir qué es de Dios y qué no; por eso llaman a lo bueno *malo*, y a lo malo *bueno*.

Refiriéndose al corazón del hombre, Jesús dijo que no está fuera del hombre lo que lo contamina, sino que, por el contrario, *«lo que del hombre sale, eso contamina al hombre. Porque de dentro, del corazón de los hombres, salen los malos pensamientos, los adulterios, las fornicaciones, los homicidios, los hurtos, las avaricias, las maldades, el engaño, la lascivia, la envidia, la maledicencia, la soberbia, la insensatez. Todas estas maldades de dentro salen, y contaminan al hombre*» (Marcos 7:20-23). Cristo vino a terminar con todo esto. No hay nada que pueda hacerte más daño que el pecado. ¡El pecado es lo que puede matarte!

La Palabra de Dios dice que «la condenación es que la luz vino al mundo, pero los hombres amaron más las tinieblas que la luz». Hay que tener mucho cuidado con lo que se ama, porque lo que amas es lo que te puede salvar o lo que te puede matar. Una de las características de las tinieblas es que en estas no se puede ver y, por lo tanto, chocas: chocas con tu esposa, con tus hijos, con la vida y, sobre todo, con la verdad. El Evangelio vino para poner luz donde hay tinieblas, precisamente, para que no tengas que chocar con la verdad y puedas vivir en la libertad gloriosa de los hijos de luz. Es por eso que no puede estar debajo de una mesa o dentro de una caja, sino que tiene que elevarse y difundirse.

Cuando la psicología te dice: «Hay que saltar los obstáculos», está diciendo: «Nada es malo en sí mismo; todo depende de tu formación cultural pero, si resuelves que eso que crees que es malo —que en realidad no lo es—, entonces, no hay culpa». Es decir, si tu esposo o esposa es un obstáculo, sáltalo, líbrate de él, búscate otra persona, y sé feliz... ¡olvidándote de tu pacto con Dios! Si tus hijos son un problema, déjalos y búscate una nueva vida sin ellos y sé feliz... No importa qué transgresión a los valores —que entiendes que son de Dios— lleves a cabo, si logras resolver que no hay ley. Pues, si no hay ley, entonces, no hay transgresión. Si el pecado es relativo, entonces lograremos sacar a Dios de la conciencia de las personas. Así es cómo sus conciencias se laceran, apagando esa voz puesta por Dios en cada ser humano para poder distinguir lo que Dios llama "bien" de lo que Dios llama "mal".

Es así como el estado de una conciencia entenebrecida es el de alguien que, por más que le digan la verdad, no puede verla.

Pablo le dice a Timoteo: «*... guardando la fe y una buena conciencia, que algunos han rechazado y naufragaron en lo que toca a la fe*» (1 Ti 1:19). ¿Cuál te parece que puede ser la consecuencia de negar la voz de la conciencia, cediendo a la esclavitud de tu cuerpo y de tu mente? ¿Cómo se puede vivir dañando, lastimando, hiriendo, matando, considerando siempre más importante la búsqueda de tu propia felicidad que el dolor de la gente que te ama y, sobre todo, de aquel que te ama como nadie jamás podrá amarte, y creer que no vas a pagar las consecuencias por ello? **Es como creer que las barandas de un puente están para frustrarte, y no para salvarte... ¡la persona se convierte en su propio verdugo!**

Pablo les escribe a los filipenses: «*Porque muchos andan como os he dicho muchas veces, y ahora os lo digo aun llorando, que son enemigos de la cruz de Cristo, cuyo fin es perdición, cuyo dios es su apetito*» (Fil 3:18-19). Es por eso que, en Romanos 14:12, leemos: «*Dichoso el que no se condena a sí mismo en lo que aprueba*».

El primer pedido del ministerio público de Jesús fue «¡Arrepiéntanse!». Así fue cómo Jesús comenzó a predicar: «*Arrepiéntanse, porque el reino de los cielos se ha acercado*» (Mt 4:17), «*No he venido a llamar a justos, sino a pecadores al arrepentimiento*» (Lc 5:32), «*No; antes si no se arrepienten, todos perecerán igualmente*» (Lc 13:3).

En Lucas 3:8 notamos una descripción de la relación entre *el arrepentimiento* y *el comportamiento* que este produce cuando es genuino: «*Haced, pues, frutos dignos de arrepentimiento*». *Luego, Jesús da algunos ejemplos de los frutos a los que se refiere:* «*El que tiene dos túnicas, dé al que no tiene; y el que tiene qué comer, haga lo mismo*» (Lc 3:11). Esto significa que el arrepentimiento no son solo los nuevos actos, sino la transformación interna que sucede dentro de nosotros, que da fruto a este nuevo comportamiento.

En la parábola del hijo pródigo, Jesús describe el pecado del hijo, diciendo: «*y allí desperdició sus bienes viviendo perdidamente*» (Lc 15:13). Si vivimos como nosotros queremos y no como Dios espera que lo hagamos, dando a conocer la vida del Hijo en nosotros, es vivir perdidamente. De acuerdo a La Palabra de Dios, podemos describir el pecado de esa manera: vivir como yo quiero, y no como Dios quiere que viva. Es la independencia de su gobierno; es vivir decidiendo ignorar que Él está sentado en el trono. Pero ahora había comenzado la esperanza; la salvación estaba frente a nosotros. Ahora Jesús estaba en medio de nosotros para volver a establecer su Reino y todo el que quiera entrar en este debía arrepentirse.

El relato nos cuenta que el hijo pródigo se arrepintió y, estando de regreso frente a su padre, dijo: «*Padre, he pecado contra el cielo y contra ti, y ya no soy digno de ser llamado tu hijo*» (Lc 15:21). Lo que aquí está diciendo es que desperdiciar tu vida viviéndola perdidamente no solo lastima a la gente que te ama, sino que también es una ofensa contra Dios. Esta es la naturaleza esencial del pecado: ¡ofende a Dios!

Cuando Jesús nos enseña a orar, lo hace de esta manera: «*Perdona nuestras deudas, así como nosotros perdonamos a nuestros deudores*» (Lc 11:4). Claramente podemos ver que el pecado nos pone en deuda con Dios, pero esa deuda es, precisamente, la que Cristo vino a pagar. Había que volver a Él —a través del arrepentimiento— como el primer paso para ingresar por la puerta al Reino de Dios.

En Lucas 10 vemos al joven rico que, frente al pedido de Jesús, se justifica para luego irse triste. En cambio, el cobrador de impuestos, en Lucas 18 se golpea el pecho diciendo: «*Dios, ten piedad de mí, soy pecador*». Este último se fue a su casa justificado por Dios. No hay nadie que esté excluido de esto. Todos necesitamos arrepentirnos, ¡y es urgente!

Cuando Jesús aseguró: «Si no se arrepienten, todos van a perecer igualmente», estaba diciendo que el juicio de Dios va a venir sobre aquellos que no se arrepientan, y este comienza por su pueblo. «*El tiempo se ha cumplido, y el reino de Dios se ha acercado; arrepiéntanse, y crean en el evangelio*» (Mc 1:15).

En Juan 8:10-11 leemos que Jesús le dijo a la mujer que había sido sorprendida en adulterio: «*Mujer, ¿dónde están los que te acusaban? ¿Ninguno te condenó? Ella dijo: Ninguno, Señor. Entonces Jesús le dijo: Ni yo te condeno; vete, y no peques más*». ¿Por qué le dijo: «No peques más»? ¡Porque **la Gracia no es un permiso para pecar!**

Luego de haber resucitado, Jesús se aseguró de que sus apóstoles continuaran con el llamado al arrepentimiento y al perdón de pecados a toda criatura, diciendo: «*Así está escrito, y así fue necesario que el Cristo padeciese, y resucitase de los muertos al tercer día, y que se predicase en su nombre el arrepentimiento y el perdón de pecados en todas las naciones, comenzando desde Jerusalén*» (Lc 24:46-47).

Arrepentimiento es *cambio de dirección*, e incluye todo: el ingreso, el camino a recorrer y la meta a alcanzar. Un cambio completo de corazón en lo que decido amar. Por eso, el Señor dice: «*El que ama a padre o madre más que a mí, no es digno de mí; el que ama a hijo o hija más que a mí, no es digno de mí*»[2] y «*Cualquiera de vosotros que no renuncia a todo lo que posee, no puede ser mi discípulo*»[3].

Es así como Pablo, estando en Atenas, en medio del Areópago, dijo: «Dios, habiendo pasado por alto los tiempos de esta ignorancia, ahora manda a todos los hombres en todo lugar, que se arrepientan».

Los apóstoles y la Iglesia primitiva sostuvieron su altísima actitud profética afirmando: «Es necesario obedecer a Dios antes que a los hombres» y, no obedeciendo las actitudes que eran contrarias a la voluntad de Dios, fueron reprimidos.

Cuando los seguidores de Cristo se negaron a rendir culto al emperador y a sus dioses, y se opusieron a participar de los espectáculos públicos, en la corrupción sagrada, estando bajo el dominio del Imperio romano, fueron perseguidos, encarcelados y asesinados. Pero, para ellos, el Evangelio era claro: ¡Dios era mucho mejor que la vida!

Pablo, hablándoles a los Filipenses, dijo: «Porque por ahí andan muchos de los cuales les dije muchas veces, y aún ahora lo digo llorando, que son enemigos de la cruz de Cristo; el fin de los cuales será perdición, cuyo dios es el vientre, y cuya gloria es su vergüenza; que solo piensan en lo terrenal» y, pensando en que es absurdo ocuparse en esta vida de eso, les dice algo como esto: «No acumulen, no pierdan su tiempo; esta no es nuestra casa, nuestra ciudadanía está en los Cielos, de donde también esperamos al Salvador, al Señor Jesucristo».

Como corolario a todo esto, Dios le dice a la Iglesia de este tiempo: «Porque tú dices: "Yo soy rico", y me he enriquecido, y de ninguna cosa tengo necesidad; y no sabes que tú eres un

---

2. Mateo 10:37
3. Lucas 14:33

desventurado, miserable, pobre, ciego y desnudo. Por tanto, yo te aconsejo que de mí compres oro refinado en fuego, para que seas rico, y vestiduras blancas para vestirte, y que no se descubra la vergüenza de tu desnudez; y unge tus ojos con colirio, para que veas. Da de comer al que tiene hambre, de beber al que tiene sed, recibe al forastero, cubre al que tiene frío, visita al enfermo y al que está en la cárcel. Sé, pues, celoso, y arrepiéntete».

Porque viene el tiempo en que ya no habrá más tiempo.

CAPÍTULO 8

Los hombres del poder

Juan comienza su evangelio refiriéndose al Verbo hecho carne, a Jesús como la luz verdadera que había venido a este mundo a alumbrar a todos los hombres. Jesús era esa luz que ya estaba en el mundo, en ese mundo donde todo había sido creado en Él, por Él y para Él, pero el mundo no lo conoció. Y el apóstol Juan lo confirma diciendo: «*A lo suyo vino, y los suyos no le recibieron*» (Jn 1:9-11).

Luego de que predicó el Sermón del Monte, que incluía la lectura del libro del profeta Isaías, a Jesús trataron de matarlo. En ese sermón que define la esencia del Evangelio, concretamente les dijo a la multitud, sus amigos y familiares que estaban allí: «Ustedes son pobres, prisioneros, ciegos y oprimidos y, hasta que no se den cuenta de esto, no hay Evangelio para ustedes». ¿Cuál fue la reacción de ellos? En lugar de humillarse, se encendieron en un odio que fue creciendo por todo Israel, hasta que pusieron a Jesús en una cruz. Todo porque no estaban dispuestos a cambiar su perspectiva.

El capítulo 8 del Libro de los Hechos, comienza narrando: «*En aquellos días hubo una gran persecución contra la iglesia que estaba en Jerusalén; y todos fueron esparcidos por las tierras de Judea y de Samaria, salvo los apóstoles*». Luego, el versículo 4 continúa diciendo: «*Pero los que fueron esparcidos iban por todas partes anunciando el evangelio*». ¡El obrar de Satanás en las persecuciones solo servía para impulsar el cumplimiento del propósito de Dios para cada uno de sus hijos y para la extensión del Reino!

La Iglesia primitiva vivió perseguida por ser lo que tenía que ser: *una iglesia viva, columna y baluarte de la verdad*. Formada por hombres que nunca negociaron ni diluyeron la verdad; hombres que no estimaban preciosas sus vidas para sí mismos, porque habían decidido arriesgarlas hasta la muerte por amor al tesoro de infinito valor, Cristo; hombres que consideraban La Palabra de Dios más importante que el alimento diario. Así fue cómo la Iglesia, cuanto más brillaba y crecía, más ponía en evidencia las obras de las tinieblas, y más perseguida era.

Esa persecución duró trescientos años, hasta que un día, un emperador romano llamado *Constantino*, un gran político pero un pobre hombre, se dio cuenta de que era mejor aliarse a la Iglesia antes que combatirla. De este modo, se produjo una simbiosis entre el mundo occidental y la Iglesia, que duró casi mil años, tal como lo había predicho San Agustín. La ruptura de esta alianza entre Constantino y lo que había quedado de la Iglesia cristiana de aquel tiempo se extendió hasta el Renacimiento, movimiento centrado en el humanismo, cuyo objetivo era expulsar la *moral cristiana*. De esta manera transcurrieron varios siglos hasta llegar a la época de la Ilustración, para luego llegar a Nietzsche quien, ya seguro de que el proceso se había cumplido, pronunció su célebre frase: «Dios ha muerto», y celebrándolo, agregó: «Y, muerto Dios, han muerto todos los valores que en Él se sustentaban». En lugar del amor, la misericordia, y la compasión, ahora reinaría el hombre, movido solo por la voluntad de poder.

En una oportunidad había viajado a EEUU junto a un músico amigo y algunos amigos de él, entre los cuales había varios pastores. Al llegar el momento de los saludos, me presentó a uno de ellos: «Te presento al pastor de la iglesia más grande de esta ciudad», dijo al tiempo que se acercaba a mi oído para comunicarme en secreto: «¡Este es el cuarto pastor que presento hoy como "el pastor de la iglesia más grande de esta ciudad"!». ¡Esto nos invade!

¡Algo pasó al corazón de la Iglesia! Casi todos desean tener la Iglesia más grande, el ministerio más poderoso, ser famosos en los canales de circulación cristiana, ser reconocidos y, si es posible, viajar por el mundo. Parece que el espíritu de ese hombre, reinando movido solo por la voluntad de poder y de logros personales que describe Nietzsche, sigue estando en medio de nosotros.

Jesús, sabiendo lo que había en el corazón de los hombres y todo lo que habría de acontecer, llamó a los discípulos y les dijo: «Ustedes saben que los gobernantes de las naciones se enseñorean de ellas, y los que son grandes ejercen sobre ellas potestad. Pero entre ustedes *no será así*, sino que el que quiera hacerse grande entre ustedes será su servidor, y el que quiera ser el primero entre ustedes debe ser el siervo de los demás». Esto les decía Jesús a aquellos que querían alcanzar el objetivo estando a su lado, pero sin tener que transitar el camino. Pero Jesús, que no gritó desde el cielo: «¡Los amo!», sino que vino y nos marcó el camino dando su vida por amor a nosotros, siendo obediente en todo a la voluntad del Padre para luego poder decir: «Síganme», les dijo: «El Hijo del hombre no vino para ser servido, sino para servir, y para dar su vida en rescate por muchos».

Si Cristo es la cabeza de la Iglesia y la Iglesia es el cuerpo, cabeza y cuerpo no pueden ser de distintas naturalezas. Si la Iglesia verdaderamente es de Cristo, debe interpretar su persona en *todo*.

Recuerdo un episodio en la vida de Francisco de Asís, un hombre cuyo testimonio inspiró e impactó mucho mi vida. Mientras intentaba que la que parecía ser la única Iglesia de esa época le aprobara su orden franciscana, cuya única ambición era *vivir el evangelio al pie de la letra*, dijo algunas cosas como estas: «Queremos celebrar hoy el divorcio con el dinero y las posesiones. Queremos vestir humildemente y nunca despreciar a los que visten ricamente. Queremos vivir amándonos y cuidándonos unos a otros delante de los ojos del mundo como una madre ama y cuida a su hijo amado. No opondremos resistencia a los que nos resisten. Pondremos la otra mejilla a los que nos hieran y responderemos a las ofensas con perdón. Recibiremos amablemente a los ladrones de los caminos y nuestros príncipes serán los leprosos y mendigos». La respuesta del cardenal con quien Francisco estaba conversando fue más o menos la siguiente: «Francisco, una nueva fundación es casi una batalla, y los iniciadores necesitan manejar con destreza la dialéctica, al menos tanto como los soldados la espada. Al igual que en los palacios del mundo, la aprobación exige una recomendación poderosa, y esta requiere recomendantes poderosos. *Los poderosos solo se dejan influir por el poder, sea espiritual, apostólico o militar*». Luego, continuó: «Ustedes están alistados y prometen ser fieles en la orden de la santa impotencia. Discúlpame, Francisco, pero esta intención la veo casi destinada al fracaso. Es imposible vivir de esa manera. ¡No se puede! ¿Por qué no crear una buena estructura, con edificios sólidos, y una preparación intelectual apta para el servicio de la Iglesia?».

Francisco, que luego de tantos intentos parecía ya vencido y sin fuerzas para seguir luchando, sintió que estaban hablando de cosas distintas, que estaban en órbitas distantes y opuestas, y que su lucha parecía no tener sentido. Pero, viendo el cardenal que el hermano seguía en silencio, le dijo: «Di algo, querido Francisco...».

Francisco empezó a hablar con desgano, pero pronto las palabras comenzaron a brotar de su boca: «Todas las cosas tienen una piel y una entraña, un adverso y un reverso, señor Cardenal... Conozco el lenguaje de los intelectuales: un ejército compacto bien preparado y disciplinado, al servicio de la iglesia; la vida tiene un ritmo y se llama *evolución*. La orden franciscana no sirve para esta realidad. Hablan de organización poderosa, de disciplina férrea...», y bajando la voz, dijo al oído del cardenal: «Es el lenguaje de los cuarteles: *¡poder, conquista!* Pero, cuando miro a nuestro Salvador, veo otras palabras, como *¡pesebre, calvario, cruz!*». Y continuó: «Los ministros tienen una fraseología cautivadora. Es la piel, Señor Cardenal, si me permite decir, la careta. La realidad siempre es otra: *Nadie quiere ser el más pequeño, nadie quiere aparecer como débil, ni en los gobiernos, ni en la iglesia.*

Todos somos enemigos instintivos de la cruz y del pesebre, comenzando por los hombres de la Iglesia. Podemos derramar lágrimas ante el milagro del pesebre y sentirnos orgullosos ante el mensaje de la cruz pero, en el fondo, nos avergonzamos de ella. A nadie llamaré *farsante* en este mundo, pero esto es una farsa. Casi una blasfemia. ¡Perdóname, Dios mío!».

El cardenal, asustado, le respondió: «Hijo, estás yendo demasiado lejos...». «Discúlpeme, señor Cardenal —respondió Francisco inmediatamente—, en la redondez de la Tierra no hay pecador como yo. No estoy juzgando a nadie, solo analizando los hechos. *La equivocación opera por debajo de la conciencia. Nadie es malo, pero nos engañamos. Las cosas feas necesitan apariencia de bellas.* El mundo que va dentro de nosotros necesita una ropa vistosa. El soldado que va dentro de nosotros quiere dominar, emerger, enseñorear. Y ese instinto se viste de ornamentos sagrados, y decimos: "¡Hay que conquistar ciudades para la gloria de Dios!", "¡Hay que levantar grandes edificios para organizar las multitudes que vienen!", cuando, en realidad, lo que sucede es que nos avergonzamos de estar en edificios pequeños y pobres. "La Iglesia necesita herramientas de poder", dicen pero, en el fondo, es que nadie quiere aparecer como impotente. *Decimos que Dios tiene que estar por encima, predominar, y para eso nos erguimos sobre el trampolín del nombre de Dios.* Jesús nunca está por encima. Él siempre está a los pies de sus hijos para lavárselos. Somos nosotros los que agitamos nuestros sueños de omnipotencia, proyectándolos y espiritualizándolos con los derechos de Dios». Y prosiguió: «Señor Cardenal, en la Iglesia hay demasiados predicadores que hablan maravillosamente sobre la teología de la cruz, pero el Señor no nos llamó a predicar brillantemente el misterio de la cruz, sino a vivirlo humildemente». ¡Cómo me hubiera gustado conocer a este hombre en persona! Bendigo a Dios que la belleza de la vida y el testimonio de Cristo en este pequeño gran hombre hayan llegado hasta mí.

También recuerdo que, después de que Jesús dijo: «*La lámpara del cuerpo es el ojo; cuando tu ojo es bueno, también todo tu cuerpo está lleno de luz*» (Lc 11:34), un fariseo le pidió que comiese con él y, entrando Jesús a su casa, se sentó a la mesa con él. Cuando el fariseo lo vio, se extrañó de que Jesús no hubiera cumplido el ritual de lavarse las manos antes de comer, y se lo hizo notar. Entonces, el Señor le dijo: «Ustedes, los fariseos, limpian el vaso por fuera, pero por dentro están llenos de codicia y de maldad. Dan de su dinero, pero no les importa la gente, y pasan por alto la justicia y el amor de Dios. ¡Pobres de ustedes, que les importa que los demás los vean como gente importante, que los admiren y los respeten!

¡Pobres de ustedes, que les encanta sentarse en los mejores lugares, donde los puedan ver! ¡Pobres de ustedes, que son como sepulcros que no se ven, y los hombres que andan encima no lo saben! ¡Están muertos espiritualmente y ni siquiera ustedes mismos se dan cuenta!». Uno de los intérpretes de la ley le respondió: «Maestro, cuando dices esto, también nos ofendes a nosotros».

Entonces, Jesús le dijo: «Es mejor que te calles tú también. Ustedes ponen cargas en la gente que apenas pueden soportar, pero ustedes ni con un dedo las tocan. Solo intervienen para echar culpas. Viajan mar y tierra para ganar un solo converso, y después los hacen dos veces más hijos del infierno de lo que son ustedes. ¡Eso es lo que más me molesta! Abusan de su posición como autoridad eclesiástica e interfieren en la gente que genuinamente busca a Dios». Y Jesús, que tiene una paciencia infinita con las personas, es implacable con la gente que dice conocer a Dios y hablar de parte de Él, pero tiene un corazón frío y rígido. Jesús estaba diciendo: «¡Estoy cansado de este tipo de personas!».

Quiero ser muy cuidadoso en esto, pero necesitamos poner un poco de luz sobre un modelo de Iglesia que nos invade. Es imposible leer Las Escrituras y no advertir la asombrosa claridad en las palabras de Jesús cuando habla de esto. Con el aval de La Palabra de Dios, yo digo:

> *Si la unción de la que tanto se habla es de Dios, debe producir la humildad de Cristo en nosotros; si la unción es realmente de Dios, nos pone a nosotros al servicio de la gente, y no a la gente a nuestro servicio.*

La unción de Dios nunca generaría un esquema verticalista, empresarial, jerárquico, donde la naturaleza de la

relación entre los miembros se manifieste en relaciones de autoridad y poder ejercidos por unos y, en principio, aceptados por otros. Manejado por hombres que piden sujeción, pero ellos no están sujetos a nadie, que enseñan lo que ellos no hacen. Es muy importante entender y discernir que, **si la unción no nos modela a la imagen de Cristo en todos sus atributos, entonces, deberíamos abrir una nueva página en la Iglesia y replantearnos cuánto hay de Dios en todo esto.**

La Iglesia no tiene rehenes, sino hijos rescatados por el amor de Dios.

No importa en honor a qué tipo de orden u organización respondas, la relación fraterna de la Iglesia es horizontal: donde nadie es mayor que nadie, y el que quiera ser el mayor debe ser el servidor de todos. ¡Así es cómo Dios nos ve!

En la conversión de Pablo camino a Damasco, él fue rodeado por un resplandor de luz del cielo. Y, aunque es claro que la luz no transforma, solo muestra que a Pablo no solo lo iluminó, sino que se le metió adentro y le permitió verse a sí mismo, y es por eso que lo primero que dijo fue: «Señor, ¿qué quieres que yo haga?». Para esto mismo llega el Señor a nuestras vidas, para que hagamos su voluntad, y no para afirmarnos en nuestras convicciones, y de esa manera ejercer autoridad para el bien del otro y para gloria personal, como si nosotros tuviéramos algo que ver en eso.

Los milagros no definen el Evangelio del Reino; esto es algo que Dios quiere hacer y, en general, ni siquiera tiene que ver con nuestra santidad, es solo por amor. Es por lo que Dios quiere decir o hacer a través de nosotros con el otro. No es que la persona que Dios usa es mejor, sino por amor al objeto del milagro, con el objetivo de revelarse a sí mismo. Es por eso que vender ese tipo de evangelio es realmente falaz.

El Evangelio es la persona de Cristo; todo lo demás es, precisamente, lo opuesto. La diferencia está en si tenemos que negarnos a nosotros mismos, o si vamos a afirmarnos en nuestras convicciones y creer que Dios nos dará todo lo que queremos. En general, este es el evangelio que hoy se predica, pero Dios no obra de esa manera. Si este principio pudiera ser recuperado por la Iglesia, rompería la estructura de toda esta falacia que nos atropella. Jesús nos enseñó que el mayor no es el que está sentado a la mesa, sino el que sirve y, sobre todo, que Él está entre nosotros como el que sirve. ¿Quién puede cambiar esta realidad?

En mis años de vida he visto en la Iglesia tantas expresiones imposibles de cuadrar con La Palabra de Dios... Personas que reclaman reconocimiento por sus títulos, privilegios, comodidades y, casi como en una película de ficción, la imagen del *intocable*, al que solo unos pocos privilegiados pueden acceder. ¿Qué tiene que ver esto con Cristo? **¡Jesús estaba con la gente! Solo una Iglesia carente de conocimiento puede seguir este modelo sin advertir la gravedad de su tremendo error.**

Todos o casi todos los mensajes relacionados con este modelo están apoyados en el Antiguo Testamento, en donde la idea de conquista sobre los enemigos externos está presente en la figura de Jehová de los ejércitos. Es necesario ignorar la cruz y avanzar sobre una falta de entendimiento de la obra completa de Cristo para que, de esa manera, se pueda construir una imagen de un Dios triunfalista que vino para que seas libre de lo que no te gusta, para que seas victorioso sobre asuntos temporales, próspero y sano. Estos mensajes casi siempre están comprometidos con el área de las emociones, de tal forma que la gente llega a pensar que, si no se cae o tiembla, entonces, nada sucedió durante una oración.

Por momentos, el culto se convierte en una especie de caza de placeres espirituales, donde el acento está puesto en lo que cada uno siente. Pero difícilmente se comprometan con un mensaje que evidencie los atributos de Jesús porque, cuando Él aparece en Las Escrituras y en nuestras vidas, no queda nada de todo eso. Jesús nos enseñó a poner la otra mejilla, a orar por los que nos roban y nos ultrajan, a amar a nuestros enemigos, a considerar siempre mayores a tus hermanos, a no defendernos por amor... Nos invitó a un camino sacrificial, en el altísimo privilegio de compartir los mismos sufrimientos juntamente con Él. Nos llamó a morir para nacer de nuevo y, entre tantas cosas, a renunciar a nuestro proyecto de vida para que Él pueda cumplir su propio proyecto eterno en nosotros.

Jesús, siendo el Hijo de Dios, nos dijo: «*No vine a hacer lo que quiero, sino la voluntad de mi Padre*» (Jn 6:38). También aseguró: «*Y mi juicio es justo; porque no busco mi voluntad, sino la voluntad del Padre que me envió*» (Jn 5:30).

Por su parte, Pablo les expresó a los filipenses: «*Haya, pues, en vosotros este sentir que hubo también en Cristo Jesús, el cual, siendo en forma de Dios, no estimó el ser igual a Dios como cosa a que aferrarse, sino que se despojó a sí mismo, tomando forma de "siervo"*», mostrando a un Jesús de una belleza indescriptible, como el servidor de todos nosotros. Además, el apóstol agregó: «*y estando en la condición de hombre, se humilló a sí mismo*», para que no quedaran dudas de que esa era su elección. Entonces, me pregunto: ***¿quiénes pueden decir que siguen a Jesús, si el fruto de esa vida no está siendo vista en ellos?*** No es tan difícil darse cuenta de dónde provienen un acto, una situación, una palabra o un mover del Espíritu: si este interpreta la persona de Cristo, si Él es la fuente, entonces es de Dios.

CAPÍTULO 9

Señales de apostasía

Cuando los discípulos le preguntaron a Jesús acerca de los últimos tiempos, Él les indicó que no les tocaba a ellos saber la hora ni momento que el Padre había decidido en su sola potestad. Así, respecto de la cronología de estos hechos, deberemos esperar el día; sin embargo, hay indicios, y uno de los más importantes y serios es el pronóstico de la apostasía por la manifestación del hombre de pecado.

Pablo le escribe a Timoteo diciendo: «*Pero el Espíritu dice claramente que en los postreros tiempos algunos apostatarán de la fe, escuchando a espíritus engañadores y a doctrinas de demonios*» (1 Ti 4:1). También les escribe a los tesalonicenses: «*Nadie los engañe en ninguna manera; porque no vendrá Cristo sin que antes venga la apostasía, y se manifieste el hombre de pecado, el hijo de perdición*» (2 Ts 2:3).

Estos son los tiempos escriturales que corresponden a una Iglesia que va a experimentar una gloria que va a ser mayor que la primera, pero sabemos que, junto con esto, viene el juicio de

Dios, y una de sus manifestaciones será la apostasía, que reconoceremos a partir de determinados síntomas:

- Una Iglesia apóstata se endurece frente a la palabra profética.
- Los apóstatas se resisten a la corrección; no quieren que nada altere su proyecto de vida ni la comodidad que construyeron alrededor de ellos mismos. Les encanta oír mensajes en los que Dios aprueba su estilo de vida y en los que, además, les aseguran que Él anhela darles más, sobre todo, lo que ellos no pudieron obtener por sí mismos.
- Los apóstatas no quieren escuchar de renuncias, pérdidas, sacrificios ni cruces. Muchas veces la Palabra, la oración y la adoración logran tocar sus emociones, pero vuelven a sus casas y siguen sus vidas como si nunca hubiesen sido librados de su antigua manera de vivir.
- La palabra suele resultar agradable, dulce y perfecta, pero no los afecta a la medida de ser transformados por ella. Aman a ese Dios bueno a quien le encanta darles todo lo que a ellos les gusta, y conviven casi con naturalidad en una alianza con un ateísmo implícito que consume su vida espiritual como un cáncer.

La iglesia apóstata que describe La Palabra de Dios rechaza el arrepentimiento, y sabemos que, sin arrepentimiento, no hay salvación; por lo tanto, lo que logra es nada menos que clausurar la puerta de entrada al Reino de Dios.

El libro de Ezequiel se refiere así a la Iglesia de este tiempo: «*Y vendrán a ti como viene el pueblo, y estarán delante de ti como pueblo mío, y oirán tus palabras, y no las pondrán por obra; antes hacen halagos con sus bocas, y el corazón de ellos anda en pos de su avaricia. Y he aquí que tú eres a ellos como cantor de amores, hermoso de voz y que canta bien; y oirán tus palabras, pero no las pondrán por obra. Pero cuando ello viniere (y viene ya), sabrán que hubo profeta entre ellos*» (Ez 33:31-33).

Ezequiel termina diciendo: «*Un día todos vamos a estar cara a cara con el Señor, y en ese día, que viene, y viene ya, ninguno de ustedes va a poder decir "Esto yo no lo sabía", sino que en ese día van a saber que hubo profeta entre ustedes*».

Hace unos meses escuché el testimonio de un brujo convertido a Cristo. Este hombre contaba que él, junto con otros brujos, se organizaban para visitar las iglesias en busca de los *tibios*, a los que se refería diciendo: «Ellos son el blanco». En el mensaje que el Señor deja para la Iglesia en Laodicea, les dice: «*Yo conozco tus obras, que ni eres frío ni caliente. ¡Ojalá fueses frío o caliente! Pero, por cuanto eres tibio, y no frío ni caliente, te vomitaré de mi boca*».

El Señor no dice que ya lo vomitó, sino que está pronto a expulsarlo de su cuerpo, pero le da la salida para su salvación, diciéndole que «le aconseja que compre de Él oro refinado en fuego, para que sea rico, y vestiduras blancas para vestirse, y que no se descubra la vergüenza de su desnudez; que unja sus ojos con colirio, para que vea. Porque Él reprende y castiga a todos los que ama». Y le señala certeramente: «Sé, pues, celoso, y arrepiéntete».

Existe un ateísmo implícito que gravita en nuestros corazones y se pone en funcionamiento casi sin que logremos advertir que algo está mal dentro de nosotros. John Piper lo grafica muy sencillamente con el ejemplo de una persona que se dirige a tirar un papel donde no puede hacerlo. Al accionar, mira hacia la derecha, hacia la izquierda, hacia adelante y hacia atrás para saber si alguien la está mirando y, al no ver a nadie, lo arroja. ¡Es realmente llamativo! ¡Mira a todo a su alrededor, pero nunca mira hacia arriba! El ateísmo funcional se expresa en las decisiones que tomas cuando crees que nadie te está mirando, cuando actúas como si en el Cielo no hubiera nadie. Te pregunto: ¿qué miras cuando estás frente a la computadora y crees que nadie te ve?, ¿cómo es tu vocabulario cuando estás con personas con características diferentes a las de los hijos de Dios?, ¿hacia dónde se inclinan tus actitudes, tus ojos y tus pensamientos cuando crees que nadie te ve? Es muy necesario que definas tu situación frente a la idea de que hay una santidad sin la cual nadie verá a Dios.

Cuando era niño y nos peleábamos con mis hermanos, nos decíamos cosas que, si hoy se las dijera a un policía, estaría en graves problemas y, si se las dijera a un presidente, no cabe duda de que iría preso. La pérdida del temor de Dios es una de las señales de la apostasía. Gente caída de la Gracia, sin conciencia de quién es el que les habla, y está sentado en el trono. En Isaías 66:2 el Señor habla y afirma: «*Miraré a aquel que es pobre y humilde de espíritu, y que tiembla a mi palabra*».

El libro de 1 Corintios 10:23 asevera: «*Todo me es lícito, pero no todo conviene; todo me es lícito, pero no todo edifica*». Este versículo nos da a entender que la pregunta jamás debería ser: «¿Qué tiene de malo esto?», sino que la pregunta que Dios espera de nosotros es: «¿Conviene?, ¿es parte de la edificación divina, modelando la imagen de Cristo en mí?, ¿le glorifica?, ¿puede el Señor reconocer a su Hijo en mí con esta decisión que tomaré o con esto que voy a decir o a hacer?». En toda La Palabra de Dios se nos dice que fuimos creados para la gloria de su nombre, por lo que todo en la vida de un hijo de Dios tiene que expresarse en esa dirección.

Asimismo, 1 Corintios 10:31 cita: «*Lo que comas o lo que bebas, o cualquier cosa que hagas, hazlo para la gloria de Dios*». No importa lo que hagas, ya sea trabajar, comer, hablar o cualquier otra cosa, todo lo que hagas, ¡hazlo para la gloria de Dios!, de manera que los que te vean actuar glorifiquen a Dios por tus buenas obras. Los cristianos debemos ser un tipo de comunidad especial que transforma el lugar donde vive, donde trabaja, donde estudia, donde juega, porque para eso fuimos llamados, ¡para ser la sal y luz del mundo!

En este contexto, Dios le dice a la Iglesia de este tiempo: «*He aquí, yo estoy a la puerta y llamo; si alguno oye mi voz y abre la puerta, entraré a él, y cenaré con él, y él conmigo. Al que venciere, le diré que se siente conmigo en mi trono, así como yo he vencido, y me he sentado con mi Padre en su trono*». De alguna manera, el Señor está diciendo que, aunque en este momento seas tibio, hay esperanza en Él, si es que eres celoso y te arrepientes.

PARTE II

Cómo recuperar el modelo

En el libro de Génesis, Dios nos revela que nos creó a su imagen y semejanza, que el pecado nos separó de Él, de su voluntad y del propósito por el cual fuimos creados. Así fue cómo el ser humano perdió la imagen que nos había sido dada por un Dios tres veces Santo. Romanos 1:23 dice: «*Cambiaron la gloria del Dios incorruptible en semejanza de imagen de hombre corruptible*». Es importante entender este proceso. Cuando Romanos 3:23 afirma: «... *por cuanto todos pecaron, y están destituidos de la gloria de Dios*», nos está diciendo que el crimen irreconciliable con un Dios santo es el pecado y que, como todo crimen, para ser justificado, debe cumplir con su sentencia. En este caso, La Palabra de Dios dice que esa sentencia es la muerte.

Dios es amor, pero también es un Dios justo, y un asunto como una deuda con la justicia no se paga con amor. ¡No es por eso que somos perdonados! La sentencia debe pagarse para que la justicia quede satisfecha. Pongámoslo en otros términos: cuando una persona comete un delito y recibe una pena de veinte años en la cárcel, solo una vez cumplida la sentencia, esa persona queda en libertad. Ya no tiene ninguna deuda que pagar con la justicia debido a que esta ya fue pagada. Pero, en el caso del pecado, la sentencia es la muerte. Veámoslo de esta manera: una persona aborda, abusa y mata a tu hijo, hermano, padre o madre, y luego es atrapado por la policía. Esta persona es llevada a juicio y mientras todos esperamos una sentencia justa, el juez se levanta y dice que, como él es un juez bueno, la perdona y hace de cuenta que no pasó nada. ¡Todos sentirían que se cometió una terrible injusticia y acusarían al juez de ser un juez corrupto e injusto! De la misma forma, Dios no puede ser injusto; Él no puede negarse a sí mismo: la justicia es su propia naturaleza. Sin embargo, por el infinito amor que Él tiene por todos sus hijos, ideó un plan de salvataje que, aunque era terriblemente doloroso, era la única posibilidad de que seamos rescatados. La deuda tenía que ser pagada; debía haber derramamiento de sangre, y para eso Dios mismo proveyó un Cordero, su propio Hijo, para que, muriendo en nuestro lugar, pagara la sentencia (Ro 5:18- 19). Y así se hizo. Dios aplastó a su Hijo en una cruz por amor a nosotros, para que todo aquel que vaya a la cruz de Cristo se encuentre con el amor del Padre.

Al respecto, 2 Corintios 5:21 cita: «*Al que no conoció pecado, por nosotros lo hizo pecado, para que nosotros fuésemos hechos justicia de Dios en él*». Ahora Dios nos ve a nosotros como si Él hubiese vivido nuestra vida, y como si nosotros hubiésemos vivido la de Él, de tal manera que, cuando Dios mira la cruz, te ve a ti y, cuando te ve a ti, ve a Cristo. Se trata de un acto de sustitución, "Cristo, muriendo en nuestro lugar".

Ahora, y a través de su Hijo Jesucristo, podemos volver a Él y recuperar su imagen en nosotros, la misma que el pecado nos arrebató. Para eso nos trazó un camino en su propio Hijo y nos dijo: «Él es la puerta de ingreso a mi Reino, el camino a recorrer, y la meta a alcanzar». Para esto Él nos dio su Espíritu haciéndonos parte de su naturaleza divina, miembros del cuerpo de Cristo. Estamos en Él, portamos su ADN y ya no se trata de nuestro obrar, sino de su obrar. Cristo no solo venció la muerte consumando nuestra salvación, sino que se impartió en vida para que Él pueda ser nuestra vida. Este es el único y glorioso modelo de Dios: es mediante su Hijo cómo puede llevar a cabo todo su propósito eterno.

Por la obra completa de Cristo en la cruz y por el obrar de su Espiritu Santo modelando a Cristo en nosotros, es que podemos recuperar la imagen de Dios, siendo este el verdadero propósito divino por el cual fuimos creados y escogidos. El apóstol Pablo, en la epístola a los romanos, nos lo da a conocer: «*Porque a los que antes conoció, también los predestinó para que fuesen hechos conformes a la imagen de su Hijo, para que él sea el primogénito entre muchos hermanos*» (Romanos 8:29). Siendo que el propósito eterno de Dios para sus hijos es el de ser conformados a la imagen de su Hijo, queda más que claro que todo en nuestra vida es dirigido a una modelación.

En el libro de Efesios, capítulo 5, versículo 1, Pablo nos enseña: «*Sed, pues, imitadores de Dios como hijos amados*». En este punto uno podría preguntarse: si Dios es espíritu, si no lo vemos, ¿cómo podemos imitarlo? El apóstol Juan lo explica diciendo: «*A Dios nadie le vio jamás; el unigénito Hijo, que está en el seno del Padre, Él le ha dado a conocer*» (Jn 1:18). Es su vida en la nuestra la que nos revela al Padre.

Diferentes pasajes bíblicos nos afirman esta revelación:

- Colosenses 1:15: «*Él es la imagen del Dios invisible*».

- Hebreos 1:3: «*Él es la imagen misma de su sustancia*».
- 2 Corintios 4:4: «*El evangelio de la gloria de Cristo es la imagen de Dios*».
- Colosenses 3:10: «*Revístanse del nuevo hombre, el cual conforme a la imagen del que lo creó se va renovando hasta el conocimiento pleno*».

Cuando Felipe le dice a Jesús: «Muéstranos al Padre», el Señor mismo le responde: «Felipe, ¿tanto tiempo hace que estoy con ustedes y me dices: "Muéstranos al Padre"? El que me vio a mí vio al Padre».

Una vez escuché esta historia:

Estando un hombre, de profesión escultor en un arroyo, descubrió una gran piedra oculta en la tierra y tapada por otras piedras que estaban allí junto a ella. Tomó esta piedra, la lavó y para su sorpresa se dio cuenta de que era mármol, un gran material para ser trabajado. La cargó en su carro y la llevó a su taller. Semanas más tarde, un amigo suyo lo visitó en el taller y observó lo que parecía ser la nueva y gran obra de su amigo, tapada por una gran tela. Con curiosidad, le preguntó si podía descubrirla, a lo que su amigo respondió: «Por supuesto». Al descubrirla, el joven se encontró con una escultura perfecta de un caballo. Era tan pero tan perfecta que en su asombro le preguntó: «¡¿Cómo la has hecho?!». La respuesta del artista fue muy simple: «Muy fácil. ¡Tomé la piedra y le quité todo lo que no era caballo!». Es cierto que la respuesta parece ser graciosa, pero no podía haber sido más apropiada.

En nuestra vida ocurre lo mismo. En la modelación de Dios de nuestra vida a la imagen de Cristo, Él tiene que sacar, con cada golpe, todo lo que no es Cristo. Todos sabemos que esos golpes del Maestro duelen, y algunos mucho más de lo que nos hubiéramos imaginado, pero tienen como fin formar la imagen de su Hijo en nosotros.

No se trata de lo útil que podamos ser, ni del éxito que podamos alcanzar; es acerca de ser moldeados.

Pablo decía: «*Sed imitadores de mí, así como yo de Cristo*» (1 Co 11:1). Su Espíritu obrando en mi rendición, estando crucificado juntamente con Él, me hace actuar a la manera de Cristo. No soy yo: es Cristo en mí. Lo que aquí estaba diciendo era «De la misma manera en que permito que Cristo sea visto mi vida, háganlo ustedes también. ¡Imítenme en esto!».

Ahora bien, lo que un artista necesita para retratar a algo o a alguien, además de su talento, son dos cosas: sus herramientas de trabajo y el modelo a retratar o a esculpir, que en nuestro caso es Cristo. Es entonces que, para poder retratarlo en nuestra vida como lo hizo el apóstol Pablo, necesitamos que los ojos de nuestro entendimiento sean alumbrados por su Espíritu, y podamos verlo. Es necesario nacer del Espíritu para poder ver, oír y entender y, de esa manera, expresar su imagen en nosotros. ¡Necesitamos conocerlo!

En una ocasión, un intérprete de la ley le preguntó a Jesús para tentarlo: «Maestro, ¿cuál es el gran mandamiento en la ley?». Jesús respondió: «Amarás al Señor tu Dios con todo tu corazón, y con toda tu alma, y con toda tu mente. Este es el primer y gran mandamiento» y, esencialmente, porque Jesús toma la decisión de ser el otro para que lo amemos en él, continuó: «Y el segundo es semejante. Amarás a tu prójimo como a ti mismo. De estos dos mandamientos dependen toda la ley y los profetas».

«Amados, amémonos unos a otros; porque el amor es de Dios. Todo aquel que ama, es nacido de Dios, y conoce a Dios. El que no ama, no ha conocido a Dios; porque Dios es amor» (1 Juan 4:7-8).

Cuando Juan dice: «Dios es amor», nos está diciendo que el amor no es solo un atributo de Dios, sino su esencia misma. El amor no es un apéndice del Evangelio; la buena noticia es Jesús, el cual es la imagen misma de su sustancia. Él es amor.

La persona de Jesús encarnada no solo define el Evangelio, sino que supera toda la explicación. Dios, a lo largo de toda la historia con su pueblo, y después de haberse comunicado a través de su Palabra incansablemente sin ver en su pueblo los resultados que esperaba, convirtió la palabra en carne: Jesús era esa palabra, el modelo, el Verbo hecho carne. Y vivió entre nosotros, al tiempo que habitaba corporalmente en Él toda la plenitud de la deidad. Es por eso que anunciar el Evangelio significa, esencialmente, mostrar a Jesús. ¡De eso se trata! Ahora, la identidad de su pueblo estaba vinculada al *modelo*: ya no se trataba solamente de palabras, sino de vida, y la vida de Dios está en el Hijo, está en Cristo.

En su vida religiosa, los judíos no tenían problemas con la Palabra pero, cuando ella se encarnó, cuando apareció el modelo viviente, decidieron matarlo. La Palabra sin el amor y vida del Hijo es legalismo. Ahora todo había cambiado radicalmente; la Palabra se había hecho carne. Jesús se presentó como el modelo y dijo: «El que quiera venir en pos de mí debe seguirme».

Cuando Juan afirma que «todo aquel que ama es nacido de Dios y conoce a Dios», nos está diciendo que el amor es el distintivo de aquel que lo conoce, la única señal ineludible que nos identifica como hijos, lo único que el diablo no puede imitar.

En este pasaje empezamos a ver que, para amar, necesitamos *nacer de Dios*, porque Él es precisamente eso: amor. Esto equivale a decir que necesitamos conocer a Dios. Dios describe nuestra vida pasada de esta manera: «*En aquel tiempo estaban sin Cristo, alejados de la ciudadanía de Israel y ajenos a los pactos de la promesa, sin esperanza y sin Dios en el mundo*» (Ef 2:12). Vivíamos sin conocerlo, pero ahora «*el unigénito Hijo, que está en el seno del Padre, él le ha dado a conocer*» (Jn 1:18). Es así como, en Efesios 12:13, dice: «*Pero ahora en Cristo Jesús, ustedes que en otro tiempo estaban lejos, han sido hechos cercanos por la sangre de Cristo*». Necesitamos conocerlo, necesitamos ir a Él.

Juan 14:6 nos dice lo que Jesús dijo: «*Yo soy el camino, y la verdad, y la vida; nadie viene al Padre, sino por mí*».

Jesús es el único que puede presentarnos al Padre. Él es el camino que conduce a Dios, y dice «camino», y no un ticket de entrada que podemos tirar cuando ingresamos al lugar deseado o dejar olvidado en un bolsillo. Jesús es el camino a transitar para llegar al Padre. De esta manera, podemos afirmar que Jesús vino al mundo para que los hombres conociésemos a Dios.

Sabemos que a los que van a Cristo el Padre los recibe en Él y los declara Sus hijos: «*A todos los que le recibieron, a los que creen en su nombre, les dio potestad de ser hechos hijos de Dios; los cuales no son engendrados de sangre, ni de voluntad de carne, ni de voluntad de varón, sino de Dios*» (Jn 1:12-13). Somos hijos de Dios por voluntad del Padre, y es el propio Jesús quien nos recibió diciendo: «El que quiera venir en pos de mí olvídense de sí mismo, déjenme vivir mi vida en ustedes en palabra, en obras, y en carácter. Fueron crucificados, muertos y resucitados juntamente conmigo para que yo puedo vivir mi vida en ustedes y, de esa manera mi amor sea expresado en ustedes y a través de ustedes».

Es imposible hablar de todos los atributos de Jesús como manifestación de su amor y esencia y, aunque no podrían describirse en un solo libro como este, sí podemos hablar sobre algunos de los aspectos que más me llaman la atención en la crisis de identidad de la Iglesia con la persona de Cristo.

Si Cristo es el modelo eterno al que fuimos llamados a dar a conocer, eso significa ver por medio de su Espíritu, su vida, su obrar, su mente y la maravillosa forma en que Él ama. En esa dirección necesitamos revisar a qué le dice Dios *amor*. Cada hecho de nuestra vida en relación con La Palabra de Dios nos revela que hay muchas cosas a las que nosotros les decimos *amor*, pero Dios no las llama de la misma manera. La Escritura nos enseña la forma en que Dios debe ser amado: para amarlo se necesita que La Palabra nos sea revelada acerca de Él mismo y de su voluntad, para saber si en realidad lo estamos amando como Él dice que debe ser amado. Por ejemplo, si a una pareja de adolescentes —que están de novio y tienen relaciones sexuales— se le pregunta el motivo de esas relaciones, ellos pueden responder: «Lo hacemos porque nos amamos». Lo que ellos llaman «amor» Dios lo llama «fornicación». ¡A esto me refiero! Jesús dijo: «*El que me ama guarda mis mandamientos, ese es el que me ama; y el que me ama, será amado por mi Padre, y yo le amaré, y me manifestaré a él*» (Jn 14:21).

Es muy llamativo que a veces las personas crean que pueden amar más que Dios. Dicho así, parece algo tonto, pero es lo que suele ocurrir. Analicemos esta situación: los padres cristianos saben que sus hijos son de Dios, que no son su pertenencia; sin embargo, no los educan como Dios enseña, sino que lo hacen de acuerdo a sus parámetros acerca de qué es lo mejor para ellos. La Palabra de Dios nos instruye cómo educar a los hijos para que la manera de educarlos moldee en ellos el corazón de Cristo. Veamos otro ejemplo que nos permita visualizarlo mejor:

En cierta ocasión uno de mis hijos, que por ese entonces tenía solo cuatro años, comenzó con una fiebre que llegaba hasta los 40 grados. Los antitérmicos le hacían efecto solo por 15 minutos, y luego la fiebre volvía a subir. Existía el riesgo de que tuviera convulsiones, por lo que, cada 15 minutos, lo bañábamos con agua tibia para bajarle la temperatura. Durante ese proceso mi hijo temblaba y lloraba.

En un momento me miró y me dijo: «¡Papá, por favor, abrígame! ¡Papá, por favor, te necesito! ¡Abrígame!». En ese momento, Dios me habló y me dijo: «Así eres tú cuando me pides algo que no puedo darte. Hijo mío, ¡no te lo doy porque te amo!». Fue entonces cuando miré a mi hijo y le respondí: «No puedo, hijo, no puedo abrigarte».

Cuando nuestro amor se convierte en tolerancia, se desborda y no conviene, porque la medida siempre la pone Dios. Es así como nuestro amor puede convertirse en una complicidad que conduzca a nuestros hijos a lugares donde Dios no quiere que sean conducidos.

Recuerdo una experiencia que marcó mi vida durante el proceso de sanidad por la partida de mi segundo hijo. Dios interrumpió mi oración para decirme: «Hijo mío, tienes que sanar tu amor». La verdad es que hasta ese momento no me había dado cuenta de que mi amor podría estar enfermo o contaminado de humanismo desde la perspectiva de Dios. Todo estaba direccionado al deseo de tener a mi hijo junto a mí. Luego, Dios me preguntó: «¿Por quién estás sufriendo?, ¿por él o por ti? Porque él, habiendo cumplido mi propósito en su vida, está ahora conmigo, ¡y está muy bien! Pero, si sufres por ti, eso no es amor, es egoísmo, ya que el amor no busca lo suyo, sino el bien del otro... Hijo, es solo un poco de tiempo. Enamórate de mi perfecta voluntad... ¡hay toda una eternidad por delante!». Esa palabra no solo vino para consolación y alivio a mi dolor, sino que me enseñó a revisar si es su amor en mí lo que se está expresando. Él nos dio su corazón para que podamos amar como Él ama.

En cuanto a eso, Pablo nos entregó en 1 Corintios 13 una guía que quisiera tomar como un intento de descripción de ese amor inigualable y eterno.

CAPÍTULO 1

No son las señales de poder

Pablo comienza diciendo, en la carta de 1 Corintios 13, versículo 13, que lo que hace legítima una obra de Dios, lo que demuestra concretamente que le pertenecemos a Él no son las señales de poder o las manifestaciones sobrenaturales que tanto les gustan a las personas y que tanto atraen a las masas, sino que Él nos muestra un camino aún más excelente: el amor.

El apóstol, inspirado por el espíritu de Dios, comienza a describir la esencia de ese amor, asegurando: «*Si yo hablase lenguas humanas y angélicas, y no tengo amor, solo es ruido, son formas, son palabras, pero no hay vida, no hay Dios. Y si tengo profecía, y entiendo todos los misterios y toda ciencia, y si tuviese toda la fe, de tal manera que trasladase los montes, y no tengo amor, nada soy. Y si repartiese todos mis bienes para dar de comer a los pobres, y si entregase mi cuerpo para ser quemado, y no tengo amor, de nada me sirve*». El trabajo puede ser útil y de mucha bendición para otros, pero no cuenta para mí, ni para Dios.

Como ya vimos en Mateo 7:21-23, aquel día habrá muchos líderes, profetas, pastores, apóstoles, y seguramente, también en ese tiempo ya habrá pastores de apóstoles y apóstoles de apóstoles, con algún nombre que identifique ese deseo por la envestidura —porque así es el corazón del hombre—, que le dirán a Jesús: «Te servimos toda la vida; las señales de poder nos siguieron; teníamos iglesias grandes y prósperas; en tu nombre profetizamos, echamos fuera demonios e hicimos muchos milagros», pero Jesús les responderá: «¡Nunca los conocí! Si hubieran venido a mí, no hubieran actuado como si la gente fuera de su propiedad; no los hubieran mandado a llevar cargas pesadas sin que ustedes movieran un dedo, no hubieran ejercido potestad sobre la obra como si fueran los dueños de ella... Si hubieran venido a mí, habrían estado conmigo en el hambriento, en el sediento, en el forastero, en el desnudo, en el enfermo y en el preso. Pero no los vi, y la verdad es que no sé quiénes son; apártense de mí, hacedores de maldad».

¿Se puede acaso profetizar, echar fuera demonios y hacer muchos milagros en nombre de Dios, sin que Él nos conozca? Según la Palabra de Dios, la respuesta es «Sí». Jesús aclara que los únicos que Él conoce son aquellos que hacen la voluntad de su Padre que está en los Cielos. Y sabemos que la voluntad de Dios se resume en un solo y gran mandamiento: *amar a Dios como Él dice que debe ser amado y a tu prójimo como a ti mismo.*

Si no hay amor, no hay Dios, porque eso es lo que Él es en esencia.

El amor no es un sentimiento; el amor es parte del fruto del Espíritu Santo. El amor es evidencia; es acción.

No importa si lo que siento hacia una persona es bueno o no. Si no les sirvo, si no doy mi vida en favor de la gente tal como Cristo es en mí, no las estoy amando. Es por ese motivo que el amor de Dios no se tradujo en una expresión verbal, sino que Él nos mostró su amor entregando a su Hijo a la muerte para que nosotros no perezcamos. El amor de Dios se ve en la ofrenda de su Hijo. Es por eso que el apóstol Juan nos dice: «*Porque de tal manera amó Dios al mundo, que ha dado a su Hijo unigénito, para que todo aquél que en él cree, no se pierda, más tenga vida eterna*» (Jn 3:16).

En el Sermón del Monte, Jesús nos exhorta: «*Amen a sus enemigos, hagan bien a quienes los aborrecen, bendigan a quienes los maldicen, y oren por quienes los ultrajan y los persiguen*» (Mt 5:44). Porque el amor de Dios no depende de lo que sintamos, sino de lo que somos en Cristo, sobre la base de la negación de nosotros mismos, para que no seamos nosotros, sino Cristo en nosotros.

Así es cómo podemos y debemos amar a nuestros amigos y a nuestros enemigos. En el versículo 45 Jesús aclara el porqué de vivir de esta manera, diciendo: «*... para que sean hijos de su Padre que está en los cielos*». No son las señales de poder lo que nos hace hijos del Dios Altísimo, sino el amor por Él y por nuestros hermanos. No es el milagro, ni la profecía, ni las lenguas: es el amor lo que nos devuelve al Padre y nos hace uno con Él, herederos de todas sus cosas.

CAPÍTULO 2

Es sufrido

El verdadero amor es sacrificial. El que ama *elige* sufrir por su amado. Por ejemplo, es un privilegio para una madre atender a su hijo enfermo. En esos momentos, ninguna mamá elegiría estar en otra parte que no sea al lado de su hijo. Romanos 8:16-17 cita: «*El Espíritu mismo da testimonio a nuestro espíritu de que somos hijos de Dios. Y si hijos, también herederos; herederos de Dios y coherederos con Cristo*», y aclara: «*... si es que padecemos juntamente con él*», y concluye: «*para que juntamente con él seamos glorificados*».

Si pudiéramos enfocarnos en que el resultado final de la cruz es la resurrección, comenzaríamos a celebrar desde ahora lo que Dios tiene preparado para los que lo aman. Es por eso que el versículo 18 dice: «*Pues tengo por cierto que las aflicciones del tiempo presente no son comparables con la gloria venidera que en nosotros ha de manifestarse*».

En 2 Timoteo 2:24, el apóstol Pablo nos enseña que el siervo del Señor debe ser sufrido. ¿Qué quiere darnos a entender con esto?, **que, aunque el sufrimiento no tiene valor en sí mismo,**

cuando este es compartido con la pasión de Cristo, es un don maravilloso y un sello inconfundible del amor de Dios.

En el amor, primero está el otro. El verdadero amor es sufrido.

Pablo expresaba esto diciendo: «*Por lo cual, "por amor a Cristo" me gozo en las debilidades, en afrentas, en necesidades, en persecuciones, en angustias; porque cuando soy débil, entonces soy fuerte*» (2 Cor 12:10).

San Agustín escribió: «Si la adversidad nos hace buscar a Dios, bendita sea la adversidad». El dolor siempre es utilizado por Dios para llevarnos a Él. Yo lo amo en el sufrimiento, y Él me abraza como Su hijo amado, para llevar mi vida y carácter a la misma imagen de Cristo. **Comprender el inmenso poder del sufrimiento libremente aceptado nos abre las puertas a otro nivel de obediencia, a una más profunda revelación de la persona de Cristo.**

Cuando leemos en Romanos 8:28: «*Y sabemos que a los que aman a Dios, todas las cosas les ayudan a bien, esto es, a los que conforme a su propósito son llamados*», es muy necesario recordar siempre cómo continúa este pasaje: «*Porque a los que antes conoció, también los predestinó para que fuesen hechos conformes a la imagen de su Hijo, para que él sea el primogénito entre muchos hermanos*». El objetivo final de Dios en todo lo que nos sucede, el cual incluye los sufrimientos, es el de devolvernos a Él en la recuperación y conformación de la imagen de su Hijo en nosotros.

Cuando Jesús sube al monte, viendo la multitud, comienza un relato revestido de una belleza indecible, diciendo: «*Bienaventurados los pobres de espíritu* (los que por su necesidad y dolor vinieron a mí), *porque de ellos es el reino de los cielos*». Él nunca nos mandó a que lo precediéramos, sino a que lo sigamos, y es claro que la cruz nunca se encuentra en un cómodo aposento, sino en el calvario. Todos cuantos desean seguirlo deben tener por sumo gozo caminar con Él, sin importar lo doloroso que resulte. Nuestra mirada debe estar puesta en el galardón, sabiendo que hemos encontrado la vida en aquel que fue ungido para dar buenas nuevas a los pobres, sanar a los quebrantados de corazón, pregonar libertad a los cautivos, dar vista a los ciegos, poner en libertad a los oprimidos y a predicar el año agradable del Señor.

Pablo, después de su conversión, expresó con su vida que Jesús había pasado a ser su tesoro, su perla de gran precio y el gran gozo de su vida. Él decía: «*Ciertamente, aun estimo todas las cosas como pérdida por la excelencia del conocimiento de Cristo Jesús, mi Señor, por amor del cual lo he perdido "todo", y lo tengo por basura, para ganar a Cristo*» (Flp 3:8). El compromiso de Pablo fue de un altísimo costo, un genuino compromiso de vida. Pablo no solo experimentó el gozo del perdón de sus pecados y el amor del Rey del universo, sino que aprendió también lo mucho que tendría que sufrir por amor de su nombre. El mensaje que le envió el Señor a través de Ananías era este: «*Le mostraré cuánto le es necesario "padecer" por mi nombre*» (Hch 9:16). Y, cuando ya se acercaba al final de su vida y era advertido de no ir a Jerusalén, respondió: «*¿Qué hacen llorando y quebrantándome el corazón? Pues yo estoy dispuesto no solo a ser atado, más aún a morir en Jerusalén por el nombre del Señor Jesús*» (Hch 21:13). Para Pablo, la gloria del nombre de Jesús era más importante que su propia vida.

La cruz está en el centro de la escena del Hijo de Dios y esta nos habla del sufrimiento de Dios, de su dolor y de su corazón quebrantado.

Recuerdo a Watchman Nee hablándome en mi adolescencia a través de su libro *La liberación del espíritu*. Allí, de manera muy sencilla, me mostraba la cruz no como un elemento de tortura, sino como un instrumento de Dios que existía para conducirme hacia Él. A través del sufrimiento, mi alma es golpeada donde están asentadas la base de mis emociones, mi propio yo, mi viejo hombre, para quebrantarlo, como si fuera una capa dura que debe ser golpeada hasta quebrarse y que, cuanto más dura es, más golpes necesita para quebrarse. Pero, cuando esta capa es quebrada, el perfume del Espíritu se derrama en la casa, y todos los que están en ella lo sienten. Así sucede cuando un hijo de Dios es quebrantado. El perfume de la persona de Cristo se siente en aquel, refleja su aroma y su imagen, de manera que todos lo pueden percibir.

Este hombre que había aprendido la lección del quebrantamiento escribía:

> *Cuando el cristiano al ser tocado por Dios queda sin fuerza propia y lisiado permanentemente, descubre a través de esa experiencia el verdadero poder de Dios. Cuando es débil, entonces, es fuerte en Dios (2 Co 12:10). No puedo retenerte, pero puedo rogarte. No tengo fe y apenas puedo orar, ¡sin embargo, creo! Y, cuando esto ocurre, porque nos apoyamos en Él, Dios tiene que actuar*[4].

Él también decía:

> *Siempre seremos aprendices, pero en algún momento cada uno de nosotros aprenderá esta lección fundamental, después de la cual jamás volveremos a ser como antes. Seremos siempre lisiados. Es*

4. Nee T. S. *La vida de Nee ToSheng*. (1999) A. I. Kinner. Editorial Portavoz.

desde ese momento que comienza un conocimiento de Dios mas allá de lo que jamás habíamos soñado. En cierta oportunidad ilustró muy claramente este hecho. Tomó una galletita del plato y la quebró en dos; luego unió nuevamente las dos mitades cuidadosamente. "Parece estar bien —dijo con una sonrisa—, pero jamás volverá a ser como antes, ¿verdad? Usted también es así. En el futuro cederá ante el más mínimo toque de Dios.

«Nada hiere tanto como estar descontentos con nuestras circunstancias», solía decir. Y agregaba: «No hay mayor descanso que el que descubrimos cuando aprendemos con Jesús a decir: "Te alabo, Padre... porque así te agrado" (Mt 11:25-26), y a aceptar las circunstancias». Dios sabe lo que está haciendo y no hay nada accidental en la vida del creyente. ***Solo el bien acontece a los que son totalmente suyos.***

No nos consagramos a la vida cristiana, sino a la voluntad de Dios. Los hombres se van, pero el Señor permanece. Dios mismo quita sus obreros y da otros. Nuestra obra sufre, pero jamás la suya. Porque Él sigue siendo Dios[5]*.*

La cruz es también la manera que Dios tiene de decirnos: «Sé lo que te pasa, sé cómo te sientes... ¡Yo estuve ahí!». Es el mismo Jesús que se presenta para decirte: «¿Quieres ver los huecos en donde estuvieron los clavos?, ¿eso te ayudaría a soportar mejor tus propios sufrimientos?».

Uno de los aspectos del dolor de la cruz es la soledad que se experimenta, ya que en esta cabe solo una persona. Los que te acompañan pueden estar junto a la cruz, pero es uno el que tiene que estar clavado en esta. Los clavos tienen una característica: la gente, desde donde está, solo puede ver la parte de afuera, pero

---

5. Nee, T. S. *La vida de Nee ToSheng*. A. I. Kinnear, op. cit, p. 221

la parte del clavo que duele es la que está dentro del cuerpo. Esto convierte el dolor en algo completamente personal que lleva en sí una enorme soledad. La gente puede decir: «Te comprendo» pero, en realidad, no lo sabe. Solo el que está en la cruz lo puede saber.

Otro aspecto sobre el cual merece la pena reflexionar es que la cruz de Cristo es injusta. En el Gólgota había tres cruces; dos de estas eran justas, llevadas por hombres que estaban pagando por sus propios delitos. Pero una cruz era injusta, porque en esta un hombre completamente inocente estaba pagando por los culpables. Hay personas que, ante una ofensa o ante cualquier daño o dolor, dicen: «Está bien, yo lo perdono, ¡pero es injusto!». Cuando escucho esto, pienso: «¡Claro!, ¡si no, no sería la cruz de Cristo! En esta murió el Justo por los injustos, el Inocente por el culpable... ¡y lo hizo por amor!». Cabe aclarar que la elección de la cruz es voluntaria. Jesús dijo: «*Por eso me ama el Padre, porque yo pongo mi vida, para volverla a tomar. Nadie me la quita, sino que yo de mí mismo la pongo. Tengo poder para ponerla, y tengo poder para volverla a tomar*» (Jn 10:17-18). Es de la misma manera que Dios pone de nuestro lado la decisión de darle nuestra vida o conservarla para nosotros mismos. Pero, si es que vamos a dársela, es necesario morir, y para morir existe la cruz. Si voy a morir en esta, lo haré voluntariamente, por el mismo motivo por el cual el Señor decidió tomarla: es por el gozo puesto delante de Él, es por amor. Allí es donde pierdo todos mis derechos, es donde decido amar a quien no merece ser amado. Pero sepamos que allí no estamos solos: el dolor no nos separa de nuestro Creador, sino que nos une a Él.

Es así como podemos entender que lo que marcó la diferencia fue la actitud del que la tomó. En esa cruz, Jesús salvó a la humanidad, aunque en apariencia eran tres cruces iguales. Simón de

Cirene llevó la cruz en la que el mismo Jesús fue crucificado, pero a él no le hizo nada, porque lo obligaron a llevarla.

La actitud con que se toma la cruz define su efecto.

Al hablar con muchos cristianos, puede verse el vivo rechazo que tienen por la cruz, ¡no quieren sufrir! De no haber conocido la verdad, seguramente, estarían en las filas del eslogan «Pare de sufrir».

Sin el sufrimiento, nuestro trabajo no sería más que asistencia social, pero no formaría parte de la redención, sabiendo que esta leve tribulación momentánea produce en nosotros un cada vez más excelente y eterno peso de gloria. ***¡Ninguna pena o dolor debería poder robarnos la profunda alegría de Cristo resucitado!***

CAPÍTULO 3

Es benigno

Estando en el monte, Jesús dijo: «*Bienaventurados los de limpio corazón, porque ellos verán a Dios*». Más adelante declara: «*La lámpara del cuerpo es el ojo; así que, si tu ojo es bueno, todo tu cuerpo estará lleno de luz*». Los de limpio corazón, los que tienen ojos buenos, pueden ver como Él ve. Es Dios quien nos otorga la gracia de poder reconocer a Cristo en el otro, observando desde la propia perspectiva de su corazón.

Cuando el profeta Isaías en el capítulo 53 se refiere a Jesús, nos da a entender que, físicamente, Jesús no era lindo: «*En Él no había parecer, ni hermosura*». En algunas oportunidades se puede ver alguna muchacha muy bella de novia con un chico que, al parecer, es realmente feo; entonces, surge la pregunta: «¿Cómo lo logró?». Pero hay algo que está en algunas personas que las hace atractivas, tal vez su carácter, su elocuencia, su inteligencia, o quizás el poder que ejerce por tener dinero, fama, o por ser campeón o exitoso en lo que hace. Pero La Palabra de Dios dice de Jesús: «*mas sin atractivo*»; eso no estaba en Él.

En cuanto a todo lo que el hombre cree poseer (dinero, posesiones o propiedades), Él eligió no tener nada, porque sabía que era la única forma en que el Padre podía tenerlo en Él por completo. Sobre eso decía: «El Hijo del Hombre no tiene dónde recostar su cabeza». Su elección de vida estaba ligada en una dependencia absoluta del Padre. Pero, después de describir esto, el profeta continúa diciendo: «para que le deseemos».

El día que Dios puso luz y revelación de esta palabra en mi corazón, ¡temblé! Me costaba comprender tanta belleza. Era la primera vez que alguien nos estaba enseñando a amar al ser puro, y no a las cualidades sobrepuestas de las personas, a amarlas por el solo hecho de ser personas, a tal punto de dar nuestra vida por ellas. ¡La luz había llegado al mundo!

Jesús, el Hijo de Dios, pudiendo elegir de qué manera estar entre nosotros, eligió hacerlo sin tener nada de todo lo que el mundo ama: belleza, fama, dinero, poder. Entonces, me pregunto: ¿qué habría sido de todos los que no reunimos esas características?, ¿quién nos habría amado de esa forma? El Dios de amor, el Creador del universo, de tu vida y de la mía estaba entre nosotros.

No hace falta argumentar el hecho de que hay gente fácil de amar y gente bastante difícil de amar. Seguramente en tu congregación hubo o hay alguna persona sobre la cual hayas pensado: «¡Qué bueno sería que cambie de iglesia!». Algunas de estas personas son molestas; otras, agresivas. Les cuesta relacionarse, de manera que, cuando alguien se les acerca, lo maltratan; reaccionan como un cactus al momento que los quieren abrazar. Es verdad: hay gente difícil de amar. Ante esta realidad, muchos suelen decir: «No tengo nada en contra de este hermano; simplemente, mantengo la distancia para no tener problemas», sin darse cuenta de que ese es el problema: ¡la distancia! Como este hermano los maltrata, toman distancia. Y, como toman distancia en lugar de amarlo, este hermano se pone peor. Y, como se pone peor, toman un poco más de distancia. En lugar de recibir afecto, estas personas cultivan rechazo. Así es cómo comienza a formarse un círculo vicioso que nada tiene que ver con el corazón de Jesús. La pregunta es esta: ¿qué hacemos con esa gente?, ¿la salvamos o la tiramos a la basura? ¡Dios tenga misericordia de nosotros! Solo pensar el valor que esa vida tiene para Dios me hace estremecer. *Somos la Iglesia del Dios viviente para expresar su vida y su misericordia.*

Un pastor amigo me contó esta historia:

> *Una madrugada, a las cinco de la mañana, sonó el timbre de su departamento. Atendió el portero eléctrico y preguntó quién era. Del otro lado escuchó la voz de un hombre que vivía en la calle, usualmente alcoholizado, que le dijo: «Pastor, necesito hablar con usted». Mi amigo se vistió, porque estaba en pijama, y bajó a la puerta de entrada del edificio. Después de haber abierto la puerta, se dirigió al hombre y con sencillez le preguntó: «¿Te has fijado qué hora es? ¿No te parece que estas no son horas de venir a tocar la puerta a una casa de familia?». Entonces, el hombre respondió: «¿Sabe qué pasa, pastor? Si no vengo aquí, si no lo vengo a ver a usted, ¿a dónde voy a ir?».*

¡Esa es la pregunta! ¿A dónde va a ir esa gente si no viene a nosotros, que somos la Iglesia de Cristo? Si no es a nosotros, que fuimos transformados por el infinito amor de Dios, ¿a dónde irán?

Hace algunos años, Dios, en su infinita sabiduría y amor, decidió llevarse a su presencia a un hijo mío. Es imposible explicar ese dolor a alguien que no haya atravesado esa experiencia. Sin embargo, Dios me hizo saber en ese tiempo que nadie podía entenderme mejor que Él, porque Él sabía muy bien lo que era ver sufrir a un hijo. La diferencia era que yo hubiera dado cien veces mi vida para que mi hijo pudiera vivir y no sufriera, pero Dios había entregado al suyo voluntariamente, solo por amor a mí. Confieso que nunca en mi vida logré comprender la dimensión del amor de Dios como en ese momento. Superaba todos los horizontes, excedía mi capacidad abarcativa. *El amor de Dios me desbordaba como un océano interminable.*

A los pocos días de su partida, iba conduciendo mi automóvil cuando me detuve en un semáforo. Allí un niño de la calle golpeó el vidrio de mi auto para pedirme una moneda. Cuando dirigí mi mirada hacia él, ¡vi la cara de mi hijo en ese pequeño! El golpe emocional fue tan fuerte que tuve que estacionar el auto para orar y pedirle al Señor su alivio y consuelo. En ese momento, Dios me habló y me dijo: «¿Sabes por qué estás acostumbrado a resolver este tipo de situaciones dando una moneda? Porque no puedes reconocer a tu propio hijo en ese chico». El Señor me estaba enseñando a ver como Él ve... Y Él me veía como si fuera su propio Hijo, Jesús.

Tampoco podría olvidarme de aquella tarde en que, mientras volvía a casa, mi vista se detuvo sobre un hombre que estaba tirado en la calle completamente abandonado, sucio, harapiento y con la mirada perdida. Su imagen quedó grabada en mi cabeza porque pensé que ese hombre podría ser mi padre. En ese momento, Dios me preguntó: «¿Sabes quién es ese hombre?». «No, Señor —le respondí—. No sé quién es». Y, demostrando una vez más que sus palabras pueden golpearnos y movilizarnos hasta el desconcierto, me dijo: «Ese hombre soy Yo». Luego supe que se trataba de un médico que nunca había logrado recuperarse de la pérdida de su familia. Fue solo el dolor lo que lo había puesto ahí.

Poco tiempo después, conocí a Julio, un hombre de apenas unos años más que yo, pero con apariencia de anciano, revestido por el abandono y por el olvido. La calle era su hogar. ¡Tantas veces le presenté a Cristo! Pero él siempre repetía lo mismo: «¡Lo que pasa es que me mataron un hijo de doce años!». Y, cada vez que lo decía, comenzaba a gemir sobre una realidad que, por estar en el pasado, era imposible de modificar. Era tanto y tan profundo su dolor que no podía escuchar la buena noticia del Evangelio, aquella que inunda de esperanza.

Pensaba cómo, por momentos, cada una de esas personas podía llegar a ser tan parecida a mí. Solo había una diferencia entre ellas y yo: Jesucristo.

Dios me estaba enseñando a ver de la forma en que nunca había podido ver a las personas. *El huérfano, el mendigo, el marginado, el enfermo, el abandonado, todos son los disfraces dolientes de Jesús, para que nosotros podamos expresarle nuestro amor práctico, real y verdadero.*

No amamos a la gente por Cristo, sino que amamos a Cristo en la gente. Es un solo amor.

Ellos nos necesitan. Necesitan el amor de Dios, y si no se lo acercamos nosotros, ¿quién lo va a hacer? ¡Dios nos libre de no ser fieles a su llamado!

La verdad es que no sé cuántas palabras inspiracionales recibidas, cuántas profecías o expresiones sobrenaturales de la iglesia realmente son de Dios, pero sí sé que Cristo está con esta gente y que, si nosotros estamos con ellos, Él está con nosotros.

En las diferentes congregaciones podemos ver grupos que se forman marcados por afinidades; puede ser por edades, gustos parecidos, etc. Pero, si solo estoy con la gente que me gusta estar, me estoy sirviendo del otro, y solo estoy tomando lo que me gusta de las personas y de las relaciones, y está claro que en esas situaciones no me veo crucificado para que entonces no sea yo, sino Cristo en mí. Es cierto que, en lo que respecta a tener afinidad con otros, pareciera no haber pecado, pero el resultado que se observa de estas no interpreta la persona de Cristo, su carácter, su persona, ni su corazón. *Jesús estaba con los que nadie quería estar.* Él era relacional, amable y amoroso con todos, y es ahora cuando todos los que estamos en Él, si decimos que Cristo es nuestra vida, debemos expresar su obrar en nosotros.

En el Evangelio de Lucas 5:31-32, Jesús explicó: «*Los que están sanos no tienen necesidad de médico, sino los enfermos. No he venido a llamar a justos, sino a pecadores al arrepentimiento*». El Señor estaba describiendo la condición del hombre natural como enfermos, personas que no conocen del amor de Dios, que no han visto el amor que todo lo trasforma, y que debemos tener cuidado de no confundirnos de enemigo, no son las personas, «*nuestra lucha no es contra sangre y carne, sino contra principados, contra potestades, contra los gobernadores de las tinieblas de este siglo, contra huestes espirituales de maldad en las regiones celestes*» (Ef 6:12).

Cuando hablamos de Cristo en nosotros, es evidente que no estamos hablando de una tarea fácil, ya que la negación inhibe nuestra conducta carnal. En la cruz la sangre es derramada y la carne es sacrificada, lo que acaba con nosotros, con nuestro viejo hombre. No es difícil darse cuenta de que no somos así, de que no nos parecemos en nada a Cristo, de manera que fluya en nosotros su obrar. ¡Pero Cristo está en todos los que han nacido del Espíritu y nosotros fuimos llamados a conocerlo y a darlo a conocer! Aunque sabemos que no brota fácilmente de nosotros, los apóstoles dicen: «Esfuércense en la Gracia», porque el todo de Dios ya nos fue concedido en su Hijo; es por eso que, en un acto de negación de lo que en realidad somos y desearíamos hacer en la carne, Cristo es formado en nosotros y es Él quien es visto en nosotros y a través de nosotros.

Es probable que tengas ganas de expresar tu malestar a esa hermana que murmura diciendo cosas que no son verdad y que lastiman. Es entonces cuando, con el discernimiento que te caracteriza y por el conocimiento que tienes de esa hermana, lo que menos conviene es que les comentes a otros cuáles son los problemas de esa hermana, ya que produciría un daño al Cuerpo de Cristo, que es la Iglesia. Mucho menos conveniente es que se la lleves al pastor para que sea él quien termine con ella. Recuerda siempre que hay alguien que conoce mucho mejor que tú a esas personas. Se llama Cristo, y en lugar de juzgarlos, Él murió por ellos y nos otorgó el privilegio de hacer lo mismo que Él hizo por nosotros: perdonar a quien no merece ser perdonado.

Es entonces cuando, mirando el modelo que es Cristo en nosotros, la nueva creación a la cual pertenecemos ahora, decidimos, en vez de matar, morirnos por otro, de la misma manera que Él lo hizo por nosotros. Como un pintor lo hace para retratar su obra maestra, mira y pinta, mira y pinta, y así cada pincelada va logrando que lo que se ve en su lienzo sea cada vez más parecido al modelo. Es día a día, ladrillo por ladrillo, y solo por la obra milagrosa del Espíritu Santo, cómo se construye la imagen de Cristo en nosotros; pincelada tras pincelada, de manera que, después de un tiempo, cada persona que nos vea, sencillamente, pueda reconocer a Jesús en nosotros. Cuando quede poco de nosotros y mucho de Cristo, ese va a ser el momento en que algunos empiecen a reconocerlo y, cuanto más de Cristo hay en nosotros, más pura será su imagen, sabiendo que el que comenzó la buena obra en nosotros la perfeccionará hasta el día de Jesucristo.

¡Con cuánta profundidad me emociona saber que nadie tiene la necesidad de ser exitoso, bello, elocuente, inteligente, popular, o sentirse alguien en la vida para ser profundamente amado por Dios! Nada de eso resulta necesario para que Dios nos ame como nunca nadie podrá amarnos. Así es cómo Dios nos demuestra su amor; que, siendo aun pecadores, Cristo murió por nosotros. ¡Dios no hace acepción de personas!

Es en Mateo 25 donde Jesús le puso una verdadera bisagra al Evangelio cuando dijo que Él decidía convertirse en el otro, no solo para que quede claro que la forma en que Dios nos ama hace que Él reconozca a su propio Hijo en esa persona, sino también para amar y abrazar a Dios en una forma diaria, real y concreta. Jesús decide ser no solo el pan de vida para que cualquiera de nosotros que coma de Él nunca más vuelva a tener hambre, sino que también decide ser el hambriento, para que tú y yo podamos darle de comer, vendar sus heridas, cubrirlo cuando tiene frío, abrazarlo en su soledad, llorar con Él, reír con Él, visitarlo cuando esté preso, comprendiendo la urgencia que tiene de ser visitado, como si nosotros estuviéramos presos con Él.

Dios nos da a entender claramente que, **de la misma manera en que amamos a la gente, es la manera en que amamos a Dios.**

En una oportunidad, un periodista reconocido le preguntó a Teresa de Calcuta cómo hacía para tocar a un leproso, ya que él ni por un millón de dólares los tocaría, a lo que Teresa le contestó: «Tiene razón; yo tampoco tocaría a un leproso por un millón de dólares: solo lo hago por amor a Cristo». ¡Nada tiene más valor para Dios! Debemos encarnar el amor de Cristo por las almas, imprimir en nosotros el hambre de almas que hay en Él, si es que queremos que Cristo sea formado en nosotros, sabiendo que ese es el motivo por el cual fuimos alcanzados.

De algo podemos estar seguros, y es que en aquel día seremos juzgados por la forma en que supimos reconocer a Cristo en ellos.

CAPÍTULO 4

Es humilde

«El amor no tiene envidia», no desea lo que el otro tiene porque está satisfecho en Cristo y no necesita otra cosa para estar mejor.

«El amor no es jactancioso, no se envanece», porque comprende su condición por revelación divina, que nada tenemos y nada merecemos, que todo lo que tenemos lo hemos recibido de gracia y no por propio merecimiento, y de la misma manera, si de gracia recibimos, de gracia debemos dar.

«El amor no hace nada indebido, no busca lo suyo»; siempre ve a su hermano como mayor y sabe que en este Reino es mejor dar que recibir, que perder la vida por amor a Cristo es la esencia de ganarla.

«El amor es de buena voluntad, comprensivo y amable».

Jesús, *«observando cómo escogían los primeros asientos a la mesa, refirió a los convidados una parábola, diciéndoles: Cuando fueres convidado por alguno a bodas, no te sientes en el primer lugar, no sea que otro más distinguido que tú esté convidado por él, y viniendo el que te convidó a ti y a él, te diga: Da lugar a éste; y entonces comiences con vergüenza a ocupar el último lugar. Mas cuando fueres convidado, ve y siéntate en el último lugar, para que cuando venga el que te convidó, te diga: Amigo, sube más arriba; entonces tendrás gloria delante de los que se sientan contigo a la mesa. Porque cualquiera que se enaltece, será humillado; y el que se humilla, será enaltecido»* (Lc 14:7-11).

¡Así es cómo funciona el Reino de Dios! Un Reino que, desde el lugar que lo miremos, tiene belleza. ¡Si quieres ser el mayor, debes ser el servidor de todos! Es tremendo, pero así funciona: exactamente al revés de todos los valores de este mundo. En él, el más pequeño, el servidor de todos, es el mayor.

Jesús sabía perfectamente todo lo que iba a suceder; por eso dijo: «*Yo estoy entre ustedes como el que sirve*» (Lc 22:27) y añadió: «*El Hijo del Hombre no vino para ser servido, sino para servir, y para dar su vida en rescate por muchos*» (Mt 20:28). También Dios lavó los pies de los discípulos. Luego, tomó su manto, se dirigió a la mesa y dijo: «*Ustedes me llaman Maestro y Señor, y dicen bien, porque lo soy. Pero si yo, el Señor y el Maestro, he lavado sus pies, ustedes también deben lavarse los pies los unos a los otros. Les dejo el ejemplo, para que como yo les hice, ustedes también lo hagan. De verdad les digo: El siervo no es mayor que su señor, ni el enviado es mayor que el que le envió. Si saben estas cosas, y las hacen, serán bienaventurados*»[6].

El único método irremplazable para comunicar una verdad es el ejemplo, y Jesús lo sabía. Él se puso como modelo y luego dijo:

6. Juan 13:12-17

«Síganme». Mas tarde iría a la cruz para dar la vida por nosotros e impartirse en vida, de manera que Él pueda vivir su vida en nosotros y expresar su obrar en nosotros.

Estando los discípulos discutiendo sobre quién de ellos sería el mayor, leemos que Jesús, «*percibiendo los pensamientos de sus corazones, tomó a un niño y lo puso junto a sí, y les dijo: "Cualquiera que reciba a este niño en mi nombre, a mí me recibe; y cualquiera que me recibe a mí, recibe al que me envió; porque el que es más pequeño entre todos vosotros, ese es el más grande"*»[7].

Jesús oraba al Padre: «*Te alabo, Padre, Señor del cielo y de la tierra, porque escondiste estas cosas de los sabios y de los entendidos, y las revelaste a los niños*»[8]. *Y, después de haber llamado a los cansados y cargados a descansar en Él, les dijo: «Lleven mi yugo sobre ustedes, y aprendan de mí, que soy manso y humilde de corazón, y hallarán descanso para sus almas*»[9].

> *Recuerdo las palabras de San Francisco de Asís: «Tirar por la ventana la bolsa de oro es cosa fácil. Recibir sin pestañear treinta y nueve azotes es bastante fácil. Caminar hasta la otra parte del mundo a pie y descalzo, azotado por los vientos y pisando la nieve es cosa relativamente sencilla. Y, con la ayuda del Señor, hasta es factible entregar el cuerpo a las llamas o a la espada, ofrecer la cerviz a la cimitarra, ser torturado en el potro o arrastrado por los caballos o devorado por las fieras, e incluso besar en la boca a un leproso... Pero mantenerse en calma cuando aparece el monigote del ridículo, no perturbarse cuando lo arrastran a uno por el suelo la túnica del prestigio, no ruborizarse cuando se es vilipendiado, no tiritar*

---

7. Lucas 9:47-48
8. Lucas 10:21
9. Mateo 11:29

cuando a uno lo desnudan del nombre social y de la fama... todo eso es humanamente imposible, o es un milagro patente de la misericordia de Dios»[10].

El profeta Isaías nos habla más de Jesús diciendo que fue despreciado y desechado entre los hombres, varón de dolores, experimentado en quebranto y, como escondimos de Él nuestro rostro, fue menospreciado, no lo estimamos. La verdad de todo es que Él llevó nuestras enfermedades, sufrió los dolores que eran nuestros, y nosotros lo tuvimos por azotado, por herido de Dios y abatido. Como si Dios lo estuviera castigando por algo.

¡Me avergüenza la discapacidad en la que nos sumerge el sentido de triunfalismo metido en el corazón del hombre! Nos aplasta la cultura humanista que ingresa a nosotros por todos los medios y formas posibles. La Biblia narra que Caín mató a Abel pero, en realidad, ¿quién ganó? Está claro que Dios no come oveja; sin embargo, le agradó la ofrenda de Abel. ¿Por qué?, porque Él es un Dios que mira el corazón. En el Libro de Hebreos también puede leerse: «*Por la fe Abel ofreció a Dios más excelente sacrificio que Caín, por lo cual alcanzó testimonio de que era justo, dando Dios testimonio de sus ofrendas; y muerto, aún habla por ella*»[11].

Jesús cargó y sufrió la enfermedad y dolor que nos correspondía a nosotros pero, para nuestro modo de ver las cosas, Él era un perdedor. ¡Dios mío! ¡Cuánta belleza, verlo elegir el camino del fracaso aparente, el camino del amor que te hace completamente vulnerable!

Isaías 53 continúa diciendo: «*Mas él herido fue por nuestras rebeliones, molido por nuestros pecados; el castigo de nuestra paz fue*

10. Larrañaga, Ignacio. *El Hermano de Asís, Vida profunda de San Francisco,* Editorial Paulinas, 2005.

11. Hebreos 11:4

sobre él, y por su llaga fuimos nosotros curados. Y aunque todos nosotros nos descarriamos como ovejas, cada uno eligió el camino que quería; igual el Padre cargó en él todos nuestros pecados». Y dice algo maravilloso, algo imposible de eludir, algo que es la señal del que está muerto a sus propios deseos y vivo realmente para Dios: «*Angustiado él, y afligido, no abrió su boca; fue llevado como un cordero al matadero; y como oveja delante de sus trasquiladores, enmudeció, y no abrió su boca*». ¡No se defendió!, el plan de morir para vencer la muerte y abrir el camino a la vida, para cada uno de los que no teníamos esperanza, estaba en marcha y es el mismo camino, en perfecta semejanza, el que nos trazó para imitarlo. Dirigirnos a la cruz, sin defendernos, ¿escucharon?...

¡Sin defendernos!, para que la cruz cumpla con su labor, y así, por medio del mismo poder que resucitó a Cristo de los muertos, nos levante a una vida nueva, a una nueva naturaleza en Cristo.

No es que no podamos defendernos: es que elegimos no hacerlo, solo para ir en pos de Aquel que nos amó primero.

Cuando Pilatos le dijo a Jesús: «*¿A mí no me hablas? ¿No sabes que tengo autoridad para crucificarte, y que tengo autoridad para soltarte?*», Él le respondió: «*Ninguna autoridad tendrías contra mí, si no te la hubiere dado mi Padre*» (Jn 19:10-11). El Señor estaba diciendo: «Tengo la misma autoridad que mi Padre, pero elijo no hacer uso de esta por amor a quienes vine a redimir».

Es tan especial verlo sin voz, sin brillo, clavado y abandonado, inmóvil, con su luz apagada y silenciada... Mientras la humanidad desfilaba frente a esa cruz y ante su sombra diciendo: «¿Y esto era todo? ¿Dónde quedaron los sueños?, ¿qué pasó con la esperanza?», allí estaba Jesús, despreciado y desechado... Imagino a sus seguidores pensando: «¿Qué haremos ahora?, ¿qué será de nuestra vida? ¿Acaso no era este el Hijo de Dios?». Pero, desde ese lugar, desde esa muda impotencia, desde esa aparente inútil sumisión del Hijo al Padre, consumó la victoria, toda nuestra utilidad y toda nuestra redención.

Sin embargo, lo más importante de todos estos hechos no es recordar lo que Jesús hizo, sino saber que ese es el camino a tomar por ti, por mí y por todos aquellos que un día decidimos seguirlo en un camino de fracaso aparente expresado por el mismo Jesús diciendo:

> *«Todo aquel que quiera ganar la vida, la va a perder; pero el que pierda la vida por amor a mí, la va a hallar»*[12].

Todos sus hijos sabemos que en Cristo hallamos la vida pero, para eso, primero hay que morir. Una vez le pregunté al Señor cuántas veces debíamos seguir repitiendo esta verdad, y Él me dijo: «Hasta que por fin lo puedan ver».

El cristianismo no se trata de seguir una lista de comportamiento; se trata del carácter de Cristo. Para eso Él nos dio su corazón: para sentir y actuar como Él desea que lo hagamos. Si tu pregunta es: «¿Cómo hago para que eso pase en mi vida?», la respuesta es «Dios». Lo único que la Iglesia necesita es Dios. Para eso Él nos dio a su Hijo. Es necesario menguar para que Él crezca y, de esa manera, nos ocurra lo que dice en Filipenses 2:13, que *«es Dios el que en nosotros produce así el querer como el hacer, por su buena voluntad»*. Es así como empezamos a amar lo mismo que Dios ama, a desear lo mismo que Él desea, y es de ese modo

12. Mateo 16:25

como nuestros anhelos ya no entran en conflicto con la perfecta voluntad de Dios.

Pablo animó a los filipenses: «*Haya en ustedes este mismo sentir que hubo en Cristo Jesús, que aunque era Dios, no se aferró a eso, sino que se despojó* a sí mismo y se hizo siervo, y estando en esa condición, se humilló a sí mismo, haciéndose obediente hasta la muerte, y muerte de cruz», y se convirtió, así, en maldición, lo más bajo que alguien podía llegar. Y, como en el Reino de Dios esto es inversamente proporcional —cuanto más te humillas, más eres exaltado—, Cristo, quien se humilló hasta lo sumo, fue exaltado hasta lo sumo, y le fue dado un nombre, que es sobre todo nombre, para que en el nombre de Jesús se doble toda rodilla de los que están en los Cielos, y en la Tierra, y debajo de la tierra, y toda lengua confiese que Jesucristo es el Señor para gloria de Dios Padre.

No cabe duda de que Jesús no eligió el camino del éxito, sino el de la fidelidad a la voluntad de Su Padre en todo. Es por eso que, si quiero ver la gloria de Dios y digo que mi vida le pertenece a Cristo, ¿por qué motivo no tomaría el mismo camino?

CAPÍTULO 5

Todo lo cree

El verdadero amor «no se irrita, no guarda rencor», porque ve en su hermano a Cristo; «no se goza de la injusticia, mas se goza de la verdad. Todo lo sufre, todo lo cree».

¡Qué bueno que es saber que no somos inspectores, que la sospecha es pecado, que **fuimos llamados a vivir en un amor que todo lo cree!, de manera que, si alguien nos miente o nos engaña, no tiene por qué tener un problema con nosotros; en tal caso, lo tendrá con Dios.** Que, si juzgamos, seremos juzgados pero, si vivimos en ese amor que todo lo cree, el Señor se encargará minuciosamente de cada situación que nos toque atravesar en su condición de Dios justo. El profeta Isaías escribió: «*Delante de Dios está nuestra causa, y también nuestra recompensa*».

Job era un varón íntegro, perfecto y recto, temeroso de Dios y apartado del mal, como no lo había en la Tierra.

Sin embargo, Dios permitió que le pasaran muchas cosas realmente tristes y difíciles. Además de todo eso, Satanás lo hirió con una sarna maligna desde la planta del pie hasta la coronilla de la cabeza. Entonces, vino su mujer y le dijo: «*¿Aún retienes tu integridad? Maldice a Dios, y muérete*» (Job 2:9). Y, como si esto no alcanzara, tres de sus amigos se pusieron a llorar al ver el estado en el que estaba, sintiendo pena por él.

Pero Job entendía que lo que trata con nuestra vida *no son las circunstancias, sino la actitud con que enfrentamos las circunstancias.* ***Desde la perspectiva de Dios, desde lo eterno, todo se ve completamente diferente.*** Es sí como, después de haberlo perdido todo: hijos, familia, finanzas, salud, el mismo Job dijo: «*Quien diese que mis palabras fueran escritas con un cincel en piedra para siempre. ¡Yo sé que mi Redentor vive!, y después de deshecha esta mi piel, en mi carne he de ver a Dios*»[13].

Vivir en el amor que todo lo cree es obedecer en todo a Dios. Es creer que, si vivimos de esa manera, por nuestra obediencia, Dios toma el control. Y, al hacerlo, ya no importa si el otro miente o engaña; eso ya no está bajo nuestra jurisdicción, y es Dios el que se encarga en su justicia divina de mí, de cada persona y de cada detalle.

13. Job 19

CAPÍTULO 6

Todo lo espera

Los hijos de Dios elegimos una vida que piensa más en lo que podemos hacer por el otro que en lo que el otro debería hacer por nosotros. Y no se trata de ver resultados visibles ni inmediatos; solo se trata de ser fieles a lo que Dios espera de nosotros, con la tranquilidad y esperanza de que finalmente todo va a ocurrir como Dios dice que va a ocurrir.

Muchas veces reflexioné acerca de por qué Dios, que no tiene necesidad de nada porque es Dios, decidió por propia voluntad necesitar mi amor como hijo, haciéndose vulnerable por ese amor. Él sufre cuando sufro, se entristece, me espera... ¡Pura Gracia divina, inmerecida!

Cuando decidimos amar, le concedemos al otro el poder de lo que podría llegar a ser toda una relación. Le otorgamos el poder de decidir por sí o por no, de tomarlo o de dejarlo. He escuchado la voz de ese dolor tantas veces que me cuesta dimensionar el amor que puso a Dios en esa condición.

El llanto de una esposa cuyo marido la abandonó, revolviéndose sobre las imágenes de los años felices, de su camino hacia el altar, del «Hasta que la muerte los separe» pronunciado frente a amigos y familiares, del brindis, de los regalos, del beso... El llanto de una madre que perdió a su pequeño; el llanto de quien tiene a un ser amado a punto de morir... Hay días en que el llanto viene de un lugar distinto, desde las profundidades del alma, desde el dolor de un corazón roto.

Todo el que ama asume el riesgo de que ese amor no sea recíproco. Amar es entregarle el corazón a alguien y correr el riesgo de que te lo devuelva porque no lo quiere. El poder que le otorga mi amor a la otra persona hace que ella pueda rechazarlo, menospreciarlo, o bien corresponderlo.

Cuando amamos, nos damos permiso para ser vulnerables. C. S. Lewis decía:

> *Amar por completo es ser vulnerable. Ama cualquier cosa y tu corazón, seguramente, será estrujado y posiblemente, roto. Si quieres asegurarte de mantenerlo intacto, no debes darle tu corazón a nadie, ni siquiera a un animal... Cúbrelo cuidadosamente con pasatiempos y con pequeños lujos; evita cualquier enredo; guárdalo bajo llave en al ataúd o el féretro de tu egoísmo. Pero, en ese féretro, seguro, oscuro, sin movimiento y sin aire, cambiará. No lo harán pedazos; se volverá irrompible, impenetrable, irredimible. El único lugar, aparte del cielo, donde puedes estar perfectamente seguro contra todos los peligros del amor es el infierno.*

Recuerdo haber leído el testimonio de una mujer que vivía en las afueras de Río de Janeiro. Era una mujer muy pobre que habitaba en una casa con piso de tierra, conviviendo con su miedo más grande. Tenía una pequeña hija, y sabía que un día ella abandonaría esa casa en busca de una vida mejor. Se iría a Río de Janeiro para intentarlo. Un día, cuando la mujer llegó a su casa, encontró sobre la mesa una nota de su hija que decía: «Me fui a Río para encontrar una vida». La madre, que sabía que esto pasaría, tomó todo el dinero que tenía, y compró un pasaje de ómnibus a Río de Janeiro, mientras en una pequeña tienda de fotos comenzaba a imprimir fotos de ella misma. Pasó meses buscando a su hija en esa gran ciudad. Entraba a cada hotel, a cada restaurante, cine, discoteca, y en cada lugar dejaba una foto de su propio rostro. Finalmente, al quedarse sin dinero, regresó a su casa. Una noche, mientras bajaba las escaleras del hotel donde trabajaba como prostituta, la hija, con la apariencia de haber envejecido quince años, vio algo que la sorprendió: ¡la foto de su madre! Sin vacilar, la tomó en su mano y, sin poder creer lo que le estaba sucediendo, la dio vuelta y detrás de la foto pudo leer esto: «No me importa en qué te convertiste, ni cuántas cosas malas hiciste. ¡Por favor, vuelve a casa!». El corazón fue creado con una tremenda capacidad de amar y sufrir, y ese sufrimiento es universal.

En el mismo acto de la Creación, Dios les concedió a las personas libre albedrío, la libertad de amarlo o no. La forma de amar de Dios renuncia al deseo de querer controlar al otro. *Para amar de verdad debemos renunciar a nuestro deseo interior de querer manipular la relación.* Dios ama, aunque no sea correspondido y, aun así, se rehúsa a anular nuestra libertad de decidir. Él elige respetar nuestra decisión. Es un Dios que nos permite hacer la próxima movida. Lo que no podemos olvidar es que de esa decisión depende toda nuestra vida en cuanto a propósito y a salvación, debido a que la salvación y todo el propósito por el cual fuimos creados Dios lo concedió por completo en su propio Hijo.

Cuando Jesús se subía a la cruz, sabía muy bien lo que estaba haciendo; su vulnerabilidad voluntaria llevaba un propósito y era, en realidad, Su fortaleza. Él puso la cruz en el centro de nuestra existencia para hablarnos del sufrimiento de Dios, y de su infinito amor. Él hizo el primer movimiento y ahora nos espera...

CAPÍTULO 7

Todo lo soporta

«Todo aquel que lucha, de todo se abstiene; ellos, a la verdad, para recibir una corona corruptible, pero nosotros, una incorruptible» (1 Co 9:25). En este pasaje, el apóstol Pablo se refiere a la vida del atleta, a la de aquellos que, para alcanzar el premio, deben hacer el mayor de los esfuerzos: abstenerse de todo y soportar los más duros entrenamientos, y ser muy disciplinados. Todo esto para alcanzar un objetivo corruptible. ¡Cuánto mayor debe ser el esfuerzo para quienes vamos en pos de una corona de gloria! Allí debe estar puesta nuestra mirada: en el galardón. Por eso, Pablo nos alienta diciendo: «Corran de tal manera que lo obtengan» (1 Co 9:24). Allí radica nuestra satisfacción, donde Cristo nos precedió con su ejemplo de amor infinito.

Refiriéndose a Cristo, en el capítulo 53, el profeta Isaías cita: «*Cuando haya puesto su vida en expiación por el pecado [...] verá el fruto de la aflicción de su alma, y quedará satisfecho*», mostrando así a un Jesús que caminó a la cruz y a la muerte en una decisión inquebrantable, con su mirada puesta en la gloria del Padre, y en ver su pueblo redimido por amor. Más adelante, en Hebreos 12:2, La Palabra nos pone en la misma línea, indicando: «*Puestos los ojos en Jesús, el autor y consumador de la fe, el cual por el gozo puesto delante de él sufrió la cruz, menospreciando el oprobio, y se sentó a la diestra del trono de Dios*». El Señor nos dice: «Ese es el lugar adonde deben mirar. Es exactamente allí hacia donde tienen que dirigirse». Es tan importante el premio que le resta valor a todo lo que haya que pasar para obtenerlo. Y, como en cada detalle, Cristo es la meta.

Hebreos continúa diciendo: «*Considerad a aquel que sufrió tal contradicción de pecadores contra sí mismo, para que vuestro ánimo no se canse hasta desmayar*». No estamos exentos del dolor, pero tenemos una respuesta frente a este, porque estamos en una condición de eternidad. Cuando el Señor dice: «*En el mundo tendrán aflicción, pero confíen, yo he vencido al mundo*», está diciendo que la batalla que peleamos ya está ganada, que el triunfo sobre ella está garantizado en Él. Peleamos sabiendo que, al final, nos espera un premio de carácter incorruptible.

Hebreos 11 nos habla de la fe: «*Por fe muchos conquistaron reinos, hicieron justicia, alcanzaron promesas, taparon bocas de leones, apagaron fuegos impetuosos, evitaron filo de espada, sacaron fuerzas de debilidad, se hicieron fuertes en batallas, pusieron en fuga ejércitos extranjeros. Las mujeres recibieron sus muertos mediante resurrección; mas otros, (por la misma fe, no por otra sino por la misma), fueron atormentados, no aceptando el rescate, a fin de obtener mejor resurrección. Otros experimentaron vituperios y azotes, y a más de esto prisiones y cárceles. Fueron apedreados, aserrados, puestos a prueba, muertos a filo de espada; anduvieron de acá para allá cubiertos de pieles de ovejas y de cabras, pobres, angustiados, maltratados;*

de los cuales el mundo no era digno; errando por los desiertos, por los montes, por las cuevas y por las cavernas de la tierra».

Toda idea de triunfalismo queda descartada por La Palabra. Es la misma fe la que nos permite librar la batalla, como la de ser apedreados o muertos a filos de espada. Lo que da a entender tan claramente la Escritura es que lo importante no es vivir o morir, sino hacerlo para la gloria de Dios. Y dice de esos hombres de los cuales el mundo no era digno, que «*aunque alcanzaron buen testimonio mediante la fe, no recibieron lo prometido; proveyendo Dios alguna cosa mejor para nosotros, para que no fuesen ellos perfeccionados aparte de nosotros*». Estos hombres, al igual que Moisés, tuvieron por mayores riquezas el vituperio de Cristo que los tesoros de los egipcios, porque tenían puestas sus miradas en el galardón.

Da escalofríos pensar en la forma en que se ha torcido La Palabra de Dios, enseñando una fe ilusoria, sustentada en un Dios que pareciera estar a nuestro servicio, dándonos todo lo que creemos necesitar. Pablo define la fe como la certeza y la convicción de que Dios va a hacer lo que Él dijo que iba a hacer, lo que aún no veo, pero espero de Él porque lo identifiqué en el espíritu por la fe. Queda claro, entonces, que la profecía más segura es siempre la Palabra de Dios.

En Mateo 7:24-27 Jesús nos relata una parábola muy simple de entender, que trata acerca de cómo Dios construye la casa en la que habremos de vivir y nosotros como sus colaboradores: «*Cualquiera, pues, que me oye estas palabras, y las hace, le compararé a un hombre prudente, que edificó su casa sobre la roca. Descendió lluvia, y vinieron ríos, y soplaron vientos, y golpearon contra aquella casa; y no cayó, porque estaba fundada sobre la roca. Pero cualquiera que me oye estas palabras y no las hace, le compararé a un hombre insensato, que edificó su casa sobre la arena; y descendió lluvia, y vinieron ríos, y soplaron vientos, y dieron con ímpetu contra aquella casa; y cayó, y fue grande su ruina».* C. S. Lewis reflexiona sobre la construcción que describe esta parábola:

> *Se me había advertido, me lo había dicho a mí mismo, se nos habían prometido sufrimientos. Que eran parte del programa. Hasta se nos dijo: «Bienaventurados los que sufren», y yo lo había aceptado. No he recibido nada que no fuera parte del trato. Claro que es distinto cuando le toca a uno, y no a los demás... y en serio, realmente, no en la imaginación. De acuerdo; mas esta diferencia entre lo real y lo que uno imagina, ¿debería resultar tan notable en un hombre sano? No. No lo sería para un hombre cuya fe ha sido verdadera y cuya preocupación por la aflicción de los demás ha sido de verdad. El caso está claro por demás. Si mi casa se ha derrumbado de un solo golpe es porque era un castillo de naipes. La fe que toma en cuenta estas cosas no es fe, sino imaginación [...]. Yo creía que creía hasta que me importó saber si la cuerda podría soportar mi peso.*

Todos somos parte una construcción, y el Señor nos dice que hay solo dos maneras de construir: como yo quiero y me gusta (la cual Dios define como el reino de las tinieblas), o como Dios quiere.

Si voy a construir la casa que yo quiero, solo tengo que dejarme llevar por mi carácter, razón, justicia propia y emociones. Llama la atención que el momento en que más se necesita la casa es en los momentos de crisis, cuando viene la tormenta. Por eso dice que la ruina del constructor insensato "fue grande". Tal vez la casa sea enorme y costosa, de manera que la gente se admire de esta, pero en la crisis todo se viene abajo. Cuanto más grande es la casa y más inversión hay en esta, mayor es la pérdida.

Pero, si queremos que sea Dios quien construya la casa, de manera que no sea en vano el trabajo de quienes la construyen, debe ser edificada sobre la roca firme que es Cristo, sobre la base de su vida y carácter, de la negación de nosotros mismos, de nuestro amor al Padre y al prójimo, de la obediencia, de su misericordia, de su compasión. Comprender que la construcción es día a día, ladrillo por ladrillo pero que, cuando esté construida firmemente sobre la roca, van a descender lluvias, van a venir ríos y fuertes vientos y, aunque golpeen contra esta, la casa permanecerá firme, debido a que es una construcción divina, y nosotros, confiados y tranquilos dentro.

Este relato no trata de cómo evitar las tormentas, sino de cómo resistir a estas. Las tormentas van a venir (Jesús es claro en esto) pero, poniendo luz sobre todo, nos dice: «Si Yo soy la roca de tu vida, tu final es un final de bendición».

CAPÍTULO 8

Nunca deja de ser

Sobre este punto es necesario aclarar algo que nunca pareciera fácil de comprender. Estoy hablando del motivo por el cual un día dos personas deciden casarse, celebrar una unión en un pacto entre ellos y Dios para toda la vida. Cuando lo deciden, es porque están seguros de amarse mutuamente sobre la base de lo que sienten el uno por el otro. Dicen que se aman, y lo hacen describiendo todo lo que les gusta de la otra persona: su compañía, su forma de ser, su apariencia física, la confianza y seguridad que sienten cuando están juntos. Las personas dicen que aman lo que en realidad les gusta y desean. Pero, cuando esa persona deja de tener aquello por lo cual el otro creía amarla, este dice: «Se terminó el amor».

En la definición bíblica vemos que el verdadero amor no busca lo suyo, sino que se da a sí mismo sin esperar nada a cambio, que se entrega solo para agradar a quien decidió amar. Las personas confunden *querer* con *amar*. Si yo quiero algo y puedo obtenerlo, voy, y lo tomo. Es para mí y viene para completar algo de lo que creo necesitar. Pero eso no es amor: es egoísmo. *El amor es exactamente lo contrario: se da a sí mismo sin negociar ni esperar recompensa por ello; es también por ese motivo que no se desilusiona.* La alegría se sustenta en la entrega de uno mismo. La palabra de Dios dice: «*El amor nunca deja de ser*». Este amor del que Dios habla no es un sentimiento: es parte del fruto del Espíritu Santo, es la esencia de Dios en nuestras vidas. Si Él está, hay amor, porque ese amor es la manifestación de su persona en nuestra vida. Es precisamente por eso que podemos amar a nuestros enemigos, a los que nos lastiman, nos roban o nos ultrajan.

Recuerdo el testimonio de un hermano sobreviviente de la guerra de etnias entre armenios y turcos:

> *Él contaba que, siendo un niño de nueve años, yendo de regreso a su casa, escuchó gritos. Al acercarse, vio cómo un turco asesinaba a su madre clavándole un cuchillo en la boca mientras ella gritaba. Desde aquel día, él se propuso en su corazón vivir para matar a ese hombre. Una vez que hubo cumplido sus dieciocho años, el joven salió en busca del asesino de su madre. Luego de un tiempo de búsqueda, mientras se encontraba en un bar comiendo algo, escuchó una voz que había quedado grabada a fuego en su corazón. Se dio vuelta y vio que era el turco que estaba buscando. Salió del bar sin decir una palabra; esperó a que el hombre saliera y lo siguió para aprender el recorrido que este hacía después de emborracharse cada día en el bar. Finalmente, llegó la noche elegida. El muchacho tenía todo preparado y estudiado. Solo faltaba que el turco saliera para que él acabara con su vida. ¡Pero, justo esa noche, el hombre no estaba solo! «No importa —pensó—, tengo todo el tiempo que quiera para abordarlo y matarlo». Pero resultó ser que esa misma noche, mientras regresaba al hotel donde se hospedaba, este joven*

pasó por la puerta de una iglesia, entró, y allí se encontró genuinamente con el Salvador. Ahora que había entregado su corazón a Cristo, la pregunta que le quedaba por responder era qué haría con el turco. Desde aquel momento glorioso, Dios comenzó a hablarle, diciéndole que debía perdonar al turco; que, en la medida en que perdonamos, esa es la medida en que Él nos perdona a nosotros.

«El compromiso ahora es que lo ames como yo te amo a ti, así que, como el turco está con hambre y no tiene nada para comer, te pido que tomes la comida que tienes y se la lleves para que él se alimente», le indicó Dios. Con toda su lucha interna, los recuerdos y el dolor latente de tantos años, el joven no pudo decirle que no a su Señor amado y, tomando la comida, se la llevó. Así fue pasando el tiempo, y cada día Dios le pedía al joven una atención de amor para el turco. Una noche, el Señor volvió a hablarle: «Mientras tú estás descansando cómodo, tapado y caliente, el turco, que es tu prójimo, está pasando mucho frío en medio de esta noche helada. Levántate y llévale tu manta». ¡El joven pensó que iba a explotar! Pero ¿a dónde iba a ir, si sabía que solo Dios tenía palabras de vida para él? Entonces, se levantó, cargó su manta y fue a la cárcel, donde estaba encerrado el turco por otros crímenes que había cometido. Al llegar, un guardia se le acercó con curiosidad y le preguntó: «Discúlpeme, pero el hombre al que viene a ver es una persona mala. No tiene nadie que lo ame; nadie quiere estar con él. Ni siquiera sabemos si tiene familiares, porque nadie lo visita jamás. ¿Me podría decir qué relación tiene usted con este hombre?». Nuestro hermano le respondió: «Ese es el hombre que asesinó a mi madre».

Esta es la clase de transformación que Dios obra cuando llega a la vida de una persona. Solo Él puede tomar un corazón de piedra y darnos un corazón de carne, su corazón, que puede amar a quien no merece ser amado.

El capítulo 13 de Corintios termina diciendo: «*Y ahora permanecen la fe, la esperanza y el amor; pero el mayor de ellos es el amor*» (1 Co 13:13). Nada de lo que podamos hacer puede lograr que Dios nos ame menos, y no lo puede hacer porque el amor es su esencia. Es importante saber que Dios, en su soberanía, podría resolver quitarte un brazo o una pierna con la misma autoridad con la que pone y saca reyes, o da y quita la vida, pero hay algo a lo que Dios se niega a renunciar: el libre albedrío que te otorgó al crearte, tu libertad para elegir. Dios nunca nos forzará a amarlo; eso Él lo puso de tu lado. Somos nosotros quienes decidimos amarlo, seguirlo o alejarnos. Pero lo más importante es que sepas que, de lo que hagas con ese amor, dependen tu vida y tu eternidad.

Jesús nos mostró la obra completa

Sabiendo que la hora estaba llegando, Jesús intercedió por sus discípulos, ya que sabía que pronto los iba a tener que dejar. El capítulo 17 del Evangelio de Juan narra que Jesús le dijo al Padre: «*Como me has dado potestad sobre toda carne, para que dé vida eterna a todos los que me diste*», y explicó cuál es la vida eterna diciendo: «*Y esta es la vida eterna: que te conozcan a ti, el único Dios verdadero, y a Jesucristo, a quien has enviado*». En ese momento, Jesús dio un anuncio muy significativo para la futura formación de su Iglesia: «*Yo te he glorificado en la tierra*», y añadió: «*He acabado la obra que me diste que hiciese*».

Cuando vemos a Andrés, que no creía que los cinco panes y dos peces fueran a alcanzar para tanta gente; a Tomás, que tenía que poner su mano en el costado de Jesús para creer; a Pedro, que lo negó; a Judas, que lo traicionó; o el susto generalizado que provocó la tempestad —¡como si fuera posible que el barco se hundiera estando Jesús a bordo!—, podríamos preguntarnos: «¿Esta es la obra completa de la que Jesús habla?» ¡porque, si esta es la obra completa, entonces, daría la impresión de que todo el trabajo de Jesús durante sus últimos tres años fue un fracaso! Sin embargo, el mismo Jesús explicó de qué se trata la obra completa.

En primer lugar, el Señor dijo: «*Les he dado a conocer tu nombre*» (Jn 17:6). Y, como entendemos claramente por La Palabra de Dios, su nombre es, precisamente, quien es Dios. Cuando Moisés le preguntó el nombre a Dios, este le respondió: «Yo soy». Su nombre es lo que Dios es, es su persona la que define Su nombre. Los judíos lo entendieron bien; por eso no mencionaban el nombre de Dios, sino sus atributos, por ejemplo: El Shaddai, Elohim, Adonai, etc. Cuando Felipe le pidió a Jesús: «Muéstranos al Padre», el Señor le dijo: «¿Tanto tiempo estuve con ustedes y me dices que te muestre al Padre? El que me vio a Mí vio al Padre». Jesús es la imagen del Dios invisible, el Verbo hecho carne, que habita entre nosotros.

Y, en segundo lugar, Jesús declara: «Las palabras que me diste les he dado; y ellos las recibieron, y han conocido verdaderamente que salí de ti, y han creído que Tú me enviaste». Jesús le estaba diciendo al Padre: «Los referí a tu persona, les di la palabra, pero les dije quién es el que da esa palabra, de tal manera que, si me vieron a Mí, vieron al Padre». La importancia que tiene todo escrito de autoridad está apoyada en el que lo refrenda, es la firma, y aquí el que firma es el gran «Yo Soy». Esto lo hace posible y al mismo tiempo lo expone a juicio, porque el que juzgará todas las cosas es Dios mismo.

Jesús nos estaba enseñando que la obra completa se trata, en primer lugar, de mostrar a Dios en nuestra vida. La gente tiene que poder reconocer a Cristo en nosotros. *No se puede dar lo que no tenemos o enseñar lo que no somos.*

Él nos instruía para que demos a todos la Palabra de Dios sustentada por una vida que lo identifica. Si eso ocurre, la van a recibir y van a conocer que Cristo es el Hijo de Dios que vino para salvarlos.

Jesús dijo: «Acabé la obra» porque la obra es esa. Ahora el otro puede hacer con ella lo que quiera: venderla por treinta monedas, no creer o negarlo tres veces. Este es uno de los graves problemas que la Iglesia no termina de entender: los límites los pone Dios y, si no los comprendemos, nos desbordamos, nos volvemos omnipotentes y actuamos como si fuéramos los dueños de la verdad.

Nunca voy a olvidar una palabra que Dios me dio en un momento en que estaba triste y cargado por algunos discípulos que no parecían querer avanzar en su vida espiritual, diciéndome: «No intentes cambiarlos; tú condúcelos a Mí». Fue tan real, claro, honesto y escritural que no podía entender cómo había terminado tomando semejante carga que no me correspondía de ninguna manera. Esa parte le pertenece a Dios, ¡Él es el que transforma las vidas, Él es el que hace el milagro! Yo solo tenía que hacer mi parte: conducirlos a Él, mostrándoles a Cristo con mi vida y dándoles su Palabra.

El versículo 6 de Juan 17 dice que los discípulos le pertenecen a Él, así que es más que claro que no debemos hacer discípulos nuestros, sino de Cristo. Es a Él a quien los tenemos que conducir. Es muy serio no entender esta verdad; la gente no es de nuestra propiedad: ellos le pertenecen a Dios. La Iglesia no debe manipular la vida de las personas. Es por eso que La Palabra dice que cada uno tiene que tener cuidado de sí mismo y de lo que aprendió porque, si lo hace, se salva a sí mismo y a los que lo escuchan.

Cómo predicaba Jesús

Jesús nunca llamó a las multitudes a aceptarlo en sus corazones como único y suficiente Salvador, lo cual no quiere decir que esté mal hacerlo, pero no dice toda la verdad. El Señor vino a establecer un reino y predicaba diciendo: «Arrepiéntanse y bautícense, porque el Reino de Dios se ha acercado». Lo que hoy en día llamamos *la oración del pecador* como método de conversión nunca fue la forma en que Jesús o los apóstoles predicaron. En ocasiones he intentado imaginarme a Jesús frente a las multitudes diciéndoles: «Ustedes tienen que aceptarme en sus corazones, y para eso tienen que repetir conmigo unas palabras, pero no repitiendo sin pensar, sino entendiendo lo que van a decir... Cierren todos sus ojos, los que ya creyeron estén orando; allá veo una mano levantada. Dios te bendiga...».

Este método, que en su momento se llamó *decisionismo moderno*, tiene menos de dos siglos de antigüedad y, aunque suele ser útil como primer paso para acercar a la gente al Reino de Dios, instala una idea peligrosa sobre lo que es una conversión real.

Cuando una persona pasa al altar llorando y hace *la oración del pecador*, la gente deduce: «¡Se convirtió!». ¡Y ahí está el peligro; por eso es tan peligrosa la religión! Jesús dijo: «*Si alguno quiere venir en pos de mí, niéguese a sí mismo, tome su cruz cada día, y sígame*» (Lc 9:23). Nadie puede decir que es un hijo de Dios si no lo sigue, si no hizo de Dios su propia experiencia, muriendo a su antigua vida y naciendo a una nueva vida en Cristo.

Si es que somos de Cristo, entonces, no se trata de que un día nos arrepentimos, levantamos la mano y pasamos al frente. Se trata de que ahora vivimos en un estado de arrepentimiento, en una nueva relación con el pecado, porque ahora este nos duele, nos entristece y nos guía al arrepentimiento.

No se trata de que un día lo elegimos; se trata de que lo elegimos cada día y en cada decisión de nuestra vida. No se trata de que un día le dimos nuestra vida; se trata de que Él viva su vida cada día en nosotros. Si Él gobierna nuestra vida, se convierte en nuestro Salvador, pero no puede ser nuestro Salvador si no es el Señor de nuestra vida.

Ya estando dentro del Reino, Jesús dio a sus discípulos una lección de evangelismo muy clara y práctica en perspectiva para los que hoy estamos en Él: en la designación de los setenta, los envió de dos en dos delante de Él a toda ciudad y lugar que Él habría de visitar, y les dio cuatro pasos claros para su desempeño:

Primero: «*En cualquier casa que entren, lo primero que tienen que hacer es saludar diciendo: Paz sea a esta casa*» (Lc 10:5). ¡Tenemos que ser amables siempre! Cuando los problemas nos agobien o cuando estemos en medio de una tormenta, ¡también seamos amables! Gocémonos en Él; eso no es hipocresía, sino obediencia. Es la vida que nos fue manifestada.

Recuerdo una experiencia que contó Teresa de Calcuta. Imitando a la Iglesia primitiva que vivía teniendo favor con todo el pueblo, salía junto a un grupo de hermanas por la ciudad preguntando puerta por puerta a la gente en qué podían servirles. Esto provocaba temor de Dios en la gente y, así, el Señor añadía cada día a la Iglesia los que habían de ser salvos. Pero un día, advirtiendo ella que una hermana estaba triste, le sugirió que no saliera, sino que se quedara teniendo un tiempo de oración y derramando su corazón ante el Señor. Esta hermana insistió en que quería salir, pero Teresa le respondió: «No, hermana, si estás triste y se te nota en la cara, no es conveniente que salgas. La gente necesita ver la alegría del Cristo resucitado en nuestros rostros, y no nuestra tristeza». Pablo declaró: «*Regocijaos en el Señor siempre. Otra vez digo: ¡Regocijaos!*» (Flp 4:4). ¡El apóstol no estaba dando una sugerencia, sino un mandamiento!

Segundo: Jesús dijo: «Coman con ellos, compartan». Al mundo no hay que conquistarlo: hay que amar a las personas con el amor de Cristo. No estoy hablando de amistad con el mundo, porque la amistad con el mundo es enemistad con Dios, pero sí amando a las personas que están en el mundo con el mismo amor con el que fuimos amados.

Tercero: «Oren por ellos, escuchen sus corazones, atiendan sus necesidades. Si hay enfermos, oren para que Dios se glorifique y sean salvos por Él ».

Cuarto: «¡Anuncien el evangelio diciendo: "El Reino de Dios se ha acercado!"». Tal vez llame la atención que Jesús haya puesto en cuarto lugar la predicación del Evangelio, pero esto es, sencillamente, porque nadie puede dar lo que no tiene. Si las personas no ven a Cristo en nosotros y en nuestras actitudes, de manera que quieran tener lo que nosotros tenemos, todo lo demás quedará en el terreno de las palabras y en el campo de las opiniones. Pero, si pueden ver el amor y poder de Dios en nuestra vida, entonces, querrán tener lo que nosotros tenemos. Tiene que ocurrir que, al vernos, las personas que no conocen a Cristo quieran tener las familias que nosotros tenemos, los matrimonios que nosotros tenemos, criar a sus hijos como nosotros los criamos, de manera que tengan ansias de conocer y recibir aquello que transformó nuestras vidas.

Antes de darles estas directivas, Jesús les dijo: «*La mies a la verdad es mucha, pero los obreros son pocos; por tanto, rueguen al Señor de la mies que envíe obreros a su mies*» (Lc 10:2). El Señor les estaba mostrando el verdadero problema: lo que se necesita son más obreros con un corazón como el suyo, ¡obreros que estén dispuestos a dar sus vidas y a amar a las personas con el amor que nos fue impartido en Cristo!

En el capítulo 21 de su Evangelio, Juan relata el momento en que el Señor Jesús, ya resucitado y habiéndoseles aparecido a siete de los discípulos, le pregunta a Pedro: «*Simón, hijo de Jonás, ¿me amas más que éstos? Le respondió: Sí, Señor; tú sabes que te amo. Él le dijo: Apacienta mis corderos. Volvió a decirle la segunda vez: Simón, hijo de Jonás, ¿me amas? Pedro le respondió: Sí, Señor; tú sabes que te amo. Le dijo: Pastorea mis ovejas. Le dijo la tercera vez: Simón, hijo de Jonás, ¿me amas? Pedro se entristeció de que le dijese la tercera vez: ¿Me amas? y le respondió: Señor, tú lo sabes todo; tú sabes que te amo. Jesús le dijo: Apacienta mis ovejas*»[14]. Jesús estaba enseñando que la manera de amarlo a Él era amar a sus ovejas. Le estaba encargando que las cuide; que vende sus heridas; que les dé de comer; que, cuando alguna se pierda, salga a buscarla con la mayor diligencia posible, porque ellas son objeto de su amor, que la medida en que las ama a ellas es la medida en que lo ama a Él.

Jesús decía: «Rueguen a mi Padre que envíe obreros a su mies. No se preocupen por los números; ustedes hagan su parte, que es

14. Juan 21:15-17

amar mis ovejas, apacentarlas y pastorearlas. Denme su corazón y yo voy a llenar la casa». Si no lo hacemos de esta manera, se va a llenar la casa de gente que quiere todo lo que está en Cristo, gente que demanda, pero que está dispuesta a dar la vida por Él. «Tengan a las ovejas sanas porque, si están sanas, solas, se van a reproducir». El crecimiento tiene que ser orgánico, de manera que, a medida que vayan naciendo, se puedan encargar de cada una, dándole el mayor de los cuidados». No se trata de métodos de multiplicación, ¡no son números: son personas! «Formen obreros para que ninguna esté descuidada y muera. Si son demasiadas y los obreros son pocos, muchas de ellas se van a perder y muchas van a morir».

Jesús les decía: «La vida de mis ovejas tiene un valor inabarcable. ¡No se les ocurra utilizarlas para su propia realización! ¡Sáquense la idea banal del éxito humano y ocúpense de aquello por lo cual fueron escogidos!». Y continuó diciendo: «*Vayan; yo los envío como corderos en medio de lobos. No lleven bolsa, ni alforja, ni calzado; y a nadie saluden por el camino, no se distraigan*» (Lc 10:3-4). Es llamativo ver a Jesús decir: «Dirán de ustedes que están locos». Todo cuadra con una locura divina, quc sc sustenta en la seguridad de la bendita voluntad de Dios. ¡No hay *nada* por que temer! ¡Dios es nuestro Pastor!

«*No teman a los que matan el cuerpo pero no pueden matar el alma. Teman más bien al que puede destruir alma y cuerpo en el infierno*»[15], dijo Jesús. Dios está construyendo la Iglesia con gente de espíritu puro, valiente, dispuesta a amarlo y servirlo, asumiendo los riesgos de ser fieles hasta la muerte, abandonándolo todo por amor a Él. En referencia a la eterna recompensa, Pablo decía: «*Para mí, el vivir es Cristo y el morir es ganancia*».

15. Mateo 10:28

Es muy importante comprender que, cuando La Palabra dice que el testimonio y amor de los hermanos de la primera Iglesia provocaba temor de Dios en la gente, y así Dios añadía cada día a la Iglesia los que habían de ser salvos, no está hablando de edificios. Dios no añade gente a los salones. El edificio no es la Iglesia, ¡Cristo fue dado por cabeza a la Iglesia, la cual es su Cuerpo! Y, para que el Señor pueda añadir gente a la Iglesia, tiene que haber lugar en nosotros, en la renuncia aun de nuestros derechos más genuinos para atender en primer lugar a las ovejas que hay que salvar.

Cuando vamos a ellas, debemos tener en cuenta que la tarea de la Iglesia no es hacer acción social, la cual, aunque es buena, no interpreta el llamado de Cristo a la Iglesia, ya que fuimos llamados a ser parte de la eterna redención divina. La Iglesia no está solo para entregar ropa, comida, medicamentos o elementos de primera necesidad, y después marcharse. Esto lo puede hacer el Gobierno.

La Iglesia debe identificar su rumbo, enfocarse, conducir a esas personas a la vida. Debe ir a ellas para amarlas llevando el pan de vida, conducirlas a Cristo para que encuentren todo en Él, en el mismo acto de redención en el cual comen, beben, los enfermos son atendidos y los presos son visitados, como lo describe Mateo 25, ya que la evidencia de nuestra fe son las obras de amor como fruto del Cristo que habita en nosotros.

Una gran regla en el camino maravilloso de nuestras vidas en el Evangelio la puso Jesús cuando dijo: «*Nadie viene a mí si el Padre no me lo trae*», y completa diciendo: «*Y el que a mí viene, no le echo fuera*». Es claro que no todos vamos a ser llamados a predicar a las multitudes, ser conocidos o famosos, pero todos fuimos llamados a alcanzar lo más alto e importante para Dios: la fidelidad a su voluntad —la expresión de su Hijo en nosotros—, la que expresa todo su propósito eterno para nuestras vidas; esto es a lo que fuimos llamados. Todos podemos ser fieles en recibir al que el Padre nos trae, y todos podemos atenderlos de la misma manera en que Jesús se lo pidió a Pedro, con la mayor de las atenciones y con el mismo amor.

Nuestra satisfacción

Si alguien creyera que el cristianismo se vive como una lista de comportamiento, uno podría preguntarse en dónde está la satisfacción de negarse a uno mismo y de ir a una cruz para morir. Sin embargo, La Palabra de Dios dice que «*fuimos escogidos "para su gloria" antes de la fundación del mundo, para que seamos santos y sin mancha delante de él. En amor habiéndonos predestinado para ser adoptados hijos suyos por medio de Jesucristo, según el puro afecto de su voluntad, para "alabanza de la gloria de su gracia", con la cual nos hizo aceptos en el Amado*» (Ef 1:4-6).

Es importante también saber que Jesús nos advirtió que no buscar la gloria dc Dios imposibilita la fc, ya que Él mismo decía: «*¿Cómo pueden ustedes creer, si reciben gloria los unos de los otros y no buscan la gloria que viene del Dios único?*» (Jn 5:44). Como también dijo Pedro: «*Si alguno habla, hable conforme a las palabras de Dios; si alguno ministra, ministre conforme al poder que Dios da, para que en todo sea Dios glorificado por Jesucristo, a quien pertenecen la gloria y el imperio por los siglos de los siglos. Amén*» (1 P 4:11).

Escuché reflexionar a John Piper sobre este punto tan importante y determinante en la forma y desarrollo de una vida en la que Dios se siente satisfecho cuando yo me siento satisfecho con Él. De esto Jesús decía: «*Así alumbre vuestra luz delante de los hombres, para que vean vuestras buenas obras, y glorifiquen a vuestro Padre que está en los cielos*» (Mt 5:16), y también Pedro manifestaba: «*manteniendo buena vuestra manera de vivir entre los gentiles; para que en lo que murmuran de vosotros como de malhechores, glorifiquen a Dios en el día de la visitación, al considerar vuestras buenas obras*» (1 P 2:12).

Cuando Jesús dijo: «*Yo soy el pan de vida; el que a mí viene, nunca tendrá hambre; y el que en mí cree, no tendrá sed jamás*» (Jn 6:35), estaba diciendo que, si comíamos de Él, que es el pan de vida, íbamos a quedar satisfechos para toda la eternidad. Ya no hace falta mirar para otro lado o desear algo más, nuestros apetitos ya no nos movilizan hacia otros lugares, porque el milagro es que el pan satisface, que el agua de vida quita para siempre la sed. Si esto no fuera real en nuestra vida, ¿cómo podría creernos la gente cuando anunciemos la gran noticia del Evangelio?, ¿cómo creería si nuestra predicación revelara que Dios no ha podido satisfacer nuestras propias necesidades?

En 1 Corintios 10:31 Pablo nos dice: «*Si comes o bebes, o cualquier cosa que hagas, hazlo todo para la gloria de Dios*». El objetivo es hacerlo de una manera que muestre cómo la gloria de Dios satisface todo lo que hay en nuestro corazón. Disfrutar del pan y del agua de vida es la manera de glorificar a Dios, es la forma de vivir entre la gente lo que hace que glorifiquen a Dios, al considerar nuestras buenas obras.

Estar satisfechos en Dios no es una añadidura opcional: es la más básica de las demandas bíblicas: gozarse en Él, deleitarse en Él. El Salmo 37:4 dice: «*Deléitate asimismo en Jehová*», el Salmo 100:2 insta: «*Sirve a Jehová con alegría*», y como ya vimos, Pablo nos dice respecto de esto: «*Regocijaos en el Señor siempre. Otra vez digo: ¡Regocijaos!*» (Flp 4:4). Es nuestro derecho y nuestra responsabilidad como hijos de Dios. El mundo tiene que leer en nosotros que «*Él es mejor que la vida*» (Sal 63:3). Y, si lo pueden leer, van a poder entender que **lo que satisface no son las añadiduras o los regalos de Dios, sino que es Cristo mismo y la gloria de su Santo Nombre.**

Asaf decía: «*¿A quién tengo yo en los cielos sino a ti? Y fuera de ti nada deseo en la tierra*» (Salmos 73:25). Y David afirmaba: «*Tú eres mi Señor; no hay para mí bien fuera de ti*» (Salmo 16:2). El mismo David decía al Señor: «*En tu presencia hay plenitud de gozo; en tu diestra, deleites para siempre*» (Salmo 16:11); en otras palabras, él aseguraba que Dios es lo único en todo el universo que da completa satisfacción.

Amar a Dios es guardar sus mandamientos, gozándonos en Él, disfrutando de la vida que recibimos de su mano. Dios ama al dador alegre que da como da su Hijo Jesús.

En una oportunidad, mientras estaba en casa de unos parientes, uno de mis hijos, que en ese momento tenía tres años, llevó para jugar con sus primos dos pistolas electrónicas que le habían regalado y que hacían un ruido bastante molesto. Todo el grupo de chicos fue organizado por el sobrino mayor, quien ofició de cacique y decidió tomar las dos pistolas para utilizarlas él mismo, dándole a cambio a mi hijo una ramita de árbol en forma de L. Cuando lo vi, pude haber intervenido, pero rápidamente pensé en que ese era el hijo que deseaba tener: feliz con lo que le había tocado, feliz con esa rudimentaria arma improvisada. En ese momento, Dios me habló y me dijo: «Cuando tú haces eso, conquistas mi corazón; cuando eres feliz dando como lo hace mi Hijo Jesús, conquistas mi corazón». ¡Mi corazón explotó de alegría! Sentía que explotaba de satisfacción por el hecho de que Él se sintiera satisfecho al reconocer a su Hijo en mí, sabiendo que su Hijo es todo y lo único que le satisface por completo. La verdad es que, en el fondo de mi corazón, mientras celebraba la actitud inocente de mi hijo, sentía un deseo enorme de decirle: «Hijo, cuando lleguemos a casa, te voy a dar lo que no tienes ahora, pero de un tamaño mucho más grande, y todo va a ser para ti». ¿Qué se imaginan que piensa Dios? Él dice lo mismo: «Hijo, no te imaginas lo que te tengo preparado de vuelta a casa; hay una mejor y perdurable herencia en los cielos para ti. Yo amo al dador alegre porque, así como todo lo reciben de Gracia, es precisamente de Gracia que tienen que dar».

Cuanto más feliz estoy en Él, más me gozo, más me deleito, más valoro su comunión.

Hasta que no vivamos en impulsos de gozo por su presencia; hasta que eso no nos abrace, siempre vamos a estar buscando algo externo; vamos a tener la sensación de que nos falta algo, y no vamos a saber qué, porque todo lo que no es Cristo son cisternas rotas que no retienen el agua. **La alegría no viene de nuestro desempeño, sino de la obra concluida de Cristo.** Esto nos tiene que hacer reflexionar seriamente. El eje de una vida satisfecha en Dios es nuestro amor a Él; ese debe ser el único motivo por el cual le servimos. Nunca debemos hacerlo por un deber moral o por el propio sentido del deber. Nada más vacío que alguien que no te ama o al que no le importas se tenga que acercar a ti solo por obligación o porque corresponde. Recuerda: **lo único que Dios quiere de ti es tu corazón; si no tiene el gobierno de tu vida, no tiene nada.**

C. S. Lewis decía acerca de esto:

> *Un hombre perfecto nunca actuaría por un sentido de deber moral. Él siempre desearía lo correcto más que lo incorrecto. El deber moral es solo un sustituto del amor, de Dios o de otras personas. Como una muleta que es un sustituto de la pierna, muchos de nosotros a veces necesitamos una muleta, pero es ridículo usar muleta cuando nuestras propias piernas (nuestro amor, gustos, hábitos) pueden andar por sí mismas. ¡Un hombre perfecto nunca actuaría por deber moral!*

Desde la perspectiva de Dios, esta es la esencia de lo que significa amarlo a Él, e incluye agradecerle por todo lo recibido, disfrutando todo lo que Él es en nosotros. Es lo que glorifica su infinito nombre.

Dios es lo más importante

Llegamos a la última parte de este libro y siento que es tan poco lo que pude expresar… ¡Hay tanto para escribir y transmitir con respecto al corazón de Jesús y el espíritu de los *Invisibles*, que realmente no sé cuál sería el tamaño del libro que lo contenga! Espero que Dios ponga Gracia en mis palabras de manera de no entorpecer lo que realmente Él quiere dar a conocer de sí mismo.

Hablamos de la Iglesia que Dios desea, la que está en su corazón desde antes de que todo fuera creado, sabiendo que para ello Él mismo se encargó de proveernos el Cordero que nos redimiría y nos mostraría el camino para llegar a Él, siendo su mismo Hijo el camino y modelo a seguir.

Expresamos varios de los motivos por los que la Iglesia no reproduce el modelo que es la vida de Cristo en nosotros, y también la manera en que somos parte de la edificación divina, como el propósito eterno de Dios para nuestras vidas. Pero hay algo que no podemos pasar por alto en este resumen, y es que, sin Dios, nada de todo esto puede ser posible. *El único que construye la iglesia es Dios.*

«Si Dios no construye la casa, en vano trabajan los que la edifican»[16].

Dios es insustituible para cualquier logro espiritual. **No se puede reproducir la vida de Cristo en nosotros con esfuerzos humanos; es imposible, debido a que no es una obra humana, sino divina**. Es Dios quien produce; es la obra del Espíritu Santo, que va forjando el milagro de transformarnos a su misma imagen.

El capítulo 5 del Evangelio de Lucas nos narra: «*Aconteció que estando Jesús junto al lago de Genesaret, el gentío se agolpaba sobre él para oír la palabra de Dios. Y vio dos barcas que estaban cerca de la orilla del lago; y los pescadores, habiendo descendido de ellas, lavaban sus redes. Y entrando en una de aquellas barcas, la cual era de Simón, le rogó que la apartase de tierra un poco; y sentándose, enseñaba desde la barca a la multitud. Cuando terminó de hablar, dijo a Simón: Boga mar adentro, y echad vuestras redes para pescar. Respondiendo Simón, le dijo: Maestro, toda la noche hemos estado trabajando, y nada hemos pescado...*»[17].

Como una persona a la que le gusta la pesca, y que algo conoce de esta, sé lo frustrante que resulta perseverar toda la noche, no pescar nada y, aun así, tener que limpiar las redes. Es una tarea incómoda y que lleva tiempo. Lo veo a Pedro en una postura tan parecida a la de muchos de nosotros... Y ahí estaba Pedro, tratando de explicarle a Dios por qué no se podía; sin embargo, en un acto de sumisión o de cortesía, le dijo: «*... mas en tu palabra echaré la red. Y habiéndolo hecho, encerraron gran cantidad de peces, y su red se rompía. Entonces hicieron señas a los compañeros que*

16. Salmos 127:1
17. Lucas 5:1-5

estaban en la otra barca, para que viniesen a ayudarles; y vinieron, y llenaron ambas barcas, de tal manera que se hundían»[18].

Frente a semejante milagro, Simón Pedro tenía dos opciones: o bien le proponía a Jesús abrir una tienda de venta de pescado en el pueblo (¡si Jesús estaba con él, el negocio no podía fallar!) y, por supuesto, destinar gran parte del dinero recaudado como ofrenda para la extensión del Reino y para ayudar a los necesitados; o bien, en lugar de quedarse con el milagro, optar quedarse con *el que hace los milagros* que, justamente, estaba parado frente a él. Dice La Palabra que Pedro cayó de rodillas ante Jesús diciendo: «*Apártate de mí, Señor, porque soy hombre pecador*» (Lc 5:8). Pero Jesús dijo a Simón: «*No temas; desde ahora serás pescador de hombres*» (Lc 5:10). Y termina el relato diciendo: «*Y dejándolo todo, le siguieron*» (Lc 5:11).

Pedro se dio cuenta de que lo más importante era Jesús, que era Él quien hace la diferencia, el milagro, y quien lo transforma todo, y tomó la decisión correcta.

Jesús es el mismo que alimentó a una multitud con cinco panes y con dos peces. No hace falta molestarse en buscar la calculadora para ver cómo es posible alimentar a toda esa gente con solo eso, simplemente ¡porque no es posible! Lo único que hacía falta era Jesús dando su bendición. No importa cuánto tengas para darle a Dios, si es mucho o poco, si es grande o pequeño. Lo único que necesitas es a Dios para que el milagro suceda.

Cuando Dios le habló para hacerle saber que lo había elegido como líder para conducir al pueblo de Israel hacia la libertad de la esclavitud de Egipto, Moisés le pidió a Dios que repensara su elección. No se sentía capaz, y no solo eso: ¡era tartamudo! Uno podría pensar: «¿Por qué, habiendo tanta gente para encargarle

---

18. Lucas 5:5-7

una tarea tan importante, eligió Dios a Moisés, que ni siquiera se sentía capaz de hacerlo?». Pero, en el libro de Números 12.3, leemos que Moisés era el hombre más manso que había sobre la Tierra. ¡Todos sabemos lo simple que es guiar a una persona mansa, y lo difícil que es guiar a alguien que se cree talentoso! Moisés fue el hombre que Dios usó.

Todo el tiempo Dios nos enseña que no hace falta hacer un ejército más poderoso que el de Faraón, ¡lo único que necesitamos es a Dios!

Toda La Escritura revela un principio que Jesús le enseñó a Marta, la hermana de Lázaro: «*¿No te he dicho que si crees, verás la gloria de Dios?*» (Jn 11:40). Cuando lo fueron a buscar a Jesús para decirle que su amigo Lázaro estaba muriendo, que necesitaban que fuera, miró a los que estaban con Él y les dijo: «Muchachos, nos quedaremos dos días más». ¿Cómo no darse cuenta?, ¿para que se iba a apurar? Él es la resurrección y la vida, y todo aquel que viva y crea en Él no morirá eternamente. Nunca debemos olvidarlo: no hay Iglesia sin Dios.

Aquí llegamos a un punto que es clave en la construcción de la iglesia. Muchas personas se congregan, y sirven al Señor dentro y fuera del salón donde asisten, pero ¡no comen del pan de vida, no permanecen en su Palabra! Cuando tienen una duda o necesitan tomar una decisión, lo consultan con un líder o con el pastor, lo cual está bien, pero no sustituye a Dios. Es Dios quien produce el deseo y el obrar por su buena voluntad. Es Dios quien edifica la casa. Resuelven por tracto abreviado; se sienten aprobados por haber preguntado, y recibido una opinión o respuesta espiritual, pero no hay Dios en la relación. Es así como se establecen congregaciones formadas por personas ordenadas, pero sin una relación con Dios. No viven crucificadas juntamente con Él, por lo tanto, no es formada la vida y carácter de Cristo en ellos y, si no se deja ver su vida en la nuestra, no hay milagro en la vida ni en el corazón. Estas personas intentan vivir y servir a Dios en sus propios esfuerzos humanos y, por supuesto, fracasan. Muchos de ellos tropiezan una y otra vez con los mismos pecados, con las mismas debilidades, porque no hay transformación sin Dios. Repito: ¡no se puede ser parte de la construcción de la Iglesia sin Dios, Él es el que la construye y nosotros somos colaboradores suyos!

Mucha gente dice que no puede orar por falta de tiempo. Esto, realmente, preocupa, porque es una formación de base, es una cuestión de prioridades. ¡Si Dios no está primero en todas nuestras decisiones, no hay gobierno de Dios! Podríamos dejar de dormir o de comer, pero no de orar. ¡Dios tiene que saber que Él es lo más importante y lo primero en nuestras vidas!

Muchos *van* a la iglesia, y créanme que no es un juego de palabras: ¡no es lo mismo *ir* a la iglesia que *ser* la Iglesia! Si *vamos* a la iglesia, un día podemos dejar de ir y seguir con nuestra vida. Es por esto que muchas personas se refieren a la Iglesia como si ellas no tuvieran nada que ver con esta. Observan siempre desde afuera, como si no fueran responsables de nada de lo que ocurre, como si no fueran parte de ella. En cambio, si *somos* la Iglesia, entonces, no podemos irnos porque, donde nosotros estamos, ahí está la Iglesia.

Un día, Dios me señaló la diferencia entre un inspector y un constructor: el inspector va, encuentra lo que está mal, lo señala y se va. En cambio, el constructor va, encuentra lo que está mal, y lo arregla. Ese día el Señor me dijo: «Hijo, sé parte de mi edificación».

En todos estos años pude viajar por el mundo como músico con *Kyosko* y también como orador, y he visto muchísimas expresiones de la Iglesia. Algunas inspiran, otras son muy difíciles o casi imposibles de entender.

Mientras escuchaba a determinadas personas cómo manipulaban a otras utilizando como llave sus necesidades, ausencias o el propio deseo de una vida mejor, para guiarlas hacia un evangelio ilusorio, deshonesto, con el único objetivo de un proyecto personal, sacándoles su dinero o posesiones, me preguntaba por qué Dios no intervenía. Al no poder defenderse debido a su desconocimiento bíblico, estas personas depositan su confianza en estos hombres por cuya *investidura* se supone que hablan de parte de Dios; hombres que actúan en dirección a un plan que está por encima de las personas. Muchas veces he sentido vergüenza, dolor, angustia, y varias veces me he preguntado: «¿Cómo es que Dios no hace caer un rayo del cielo y se encarga de todo esto?». Fue en ese momento en que Dios me respondió: «*Mi Padre es el labrador*» (Jn 15:1). Haciendo referencia a la parábola de la vid y los pámpanos, Él estaba diciendo: «¡Guarden todas las tijeras, porque el único que poda la vid es mi Padre!».

En esa oportunidad, Dios me preguntó: «Y tú, ¿qué eres?». Yo le respondí: «Pámpano». Y continuó: «Entonces, ¿cuál es tu deber?». «Dar fruto», le respondí. Y Él me dijo: «Bueno, ¡eso es lo que quiero que hagas! Ten cuidado con el complejo de labrador, ¡esa tarea es solo de mi Padre! No critiques, no golpees, no dañes mi cuerpo; es mi Iglesia, son tus hermanos, son tu familia». Dios va a podar la vid a su debido tiempo; de eso se encargará Él... Luego de ese día, cada vez que le pregunto a Dios: «¿Cómo puede ser que pasen estas cosas?», Él me contesta siempre lo mismo: «Tú, hijo, da fruto. No golpees la oscuridad; lo único que tienes que hacer es encender la luz».

La formación de la imagen de Cristo en nosotros por la obra del Espíritu Santo, entregados a fidelidad a negarnos a nosotros mismos, tomando la cruz cada día, queda claro, no es una tarea fácil. Es la puerta estrecha, el camino angosto, pero sabemos que nos conduce a una recompensa de carácter divino y eterno. ¿Se puede vivir como Jesús nos pidió que vivamos? ¡Claro que se puede, debido a que Dios ya nos proveyó todo en su Hijo. Es Dios quien lo hace posible y es quien dice: «*Sed santos, porque Yo soy santo*» (1 P 1:16) y, de esa manera, el Señor nos pone frente a una realidad única e inalterable.

En Antioquía llamaron *cristianos* a los discípulos, esencialmente porque se parecían a Cristo: hablaban como Él, actuaban como Él y hacían las mismas cosas que Él hacía. Ellos portaban la imagen de Jesús en sus vidas. ¡La Iglesia le pertenece a Dios, y debe ser construida como Él dice que debe ser construida! Contra todos los argumentos que se levantan, no es una empresa: es la Iglesia. Y, créanme, ¡es imposible que Dios se equivoque!

Les habló a los líderes de esta generación. Cada vez que pregunto: «¿Para quién es el culto?», todos responden al unísono: «¡Es para Dios!». Evidentemente, todos lo sabemos, pero por alguna extraña causa actuamos como si esta verdad no existiera o no la quisiéramos ver.

Escuchamos expresiones como «El mensaje fue demasiado largo» o «Deberíamos cantar canciones nuevas». Este tipo de comentarios niegan la realidad de que el culto es para Dios y, por consiguiente, el único que debe quedar satisfecho en el culto es el Señor. Los hijos de Dios no nos reunimos con la idea de *recibir*, sino de *ofrecer*, de poner nuestras vidas en el altar del sacrificio como ofrenda para la gloria de su nombre. Y, cuando entramos a ese lugar donde Dios recibe nuestra ofrenda, es el mismo Dios que se glorifica y se revela a sí mismo, y en Él está todo lo concedido. No se puede separar esto. Él es todo lo que necesitamos. Es imposible encontrarse con el corazón de Dios cuando uno va por la añadidura y no por Él. ¡Toda La Escritura así lo demuestra! No obstante, cuando vamos por Él, entonces, toda la añadidura viene de su mano. Es por eso que Dios se encargó de repetirnos de todas las formas posibles: «*Mas buscad primeramente el Reino de Dios y su justicia, y todas estas cosas os serán añadidas*» (Mt 6:33). ¡Ese fue siempre el orden de Dios!

Líderes, pastores, debemos predicar a Cristo, y a este crucificado, como el único Evangelio de Dios, en el que hay arrepentimiento, cruz, confesión, perdón de pecados, bautismo, y nuevo nacimiento a una nueva vida en el Reino de Dios. Si no lo hacemos de esa manera, vamos a formar grupos carnales de gente que demanda, pero que no da la vida. Ellos constantemente reclaman para sí alimento carnal, vínculos placenteros y unidad por coincidencia. Personas que enferman el cuerpo y nos someten a una carrera que requiere un esfuerzo enorme.

Bajo esta consigna, la creatividad empieza a jugar un papel protagónico, y las actividades como el teatro, la música o las artes visuales tienen que convertirse en herramientas fundamentales para que los jóvenes se sientan entendidos, encuentren un lugar de pertenencia y no se vayan al mundo. Si lo que hacemos les gusta, se quedarán; y, si no les gusta, se quejarán o se irán. Es una búsqueda de sí mismos, de lo que a ellos le gusta, pero no de Dios; alimento carnal para gente carnal, el cual no es alimento, pues descuida y deja morir a la gente que genuinamente busca a Dios.

Recuerdo a una joven que en una oportunidad vino a verme. Quería saber si podía asistir a nuestra iglesia local. Le pregunté qué tenía nuestra congregación de distinto, y me respondió contándome su historia. Ella había pertenecido a una religión satanista, y luego, hacía ya un tiempo, había conocido a Cristo. Sin embargo, toda su familia seguía siendo satanista, y era en su propia casa donde se producían los rituales. Me contó que cada noche los demonios la reclamaban para que volviera y le decían que la extrañaban. Me dijo: «Fabián, ¡necesito alimento, necesito herramientas, necesito más de Dios en mi vida! Y en la Iglesia los jóvenes se reúnen para comer, para divertirse, para pasear o diagramar reuniones que los interpreten. ¡Yo necesito a Dios! ¡Lo necesito para vivir!». Es claro que el alimento que requiere la gente carnal no es alimento para los que realmente anhelan comer del pan de vida.

Pastores y líderes, Dios va a reclamarnos la vida de estos pequeños de Dios que dejamos morir de hambre por atender la demanda inagotable de gente que no tiene hambre y sed de Dios.

No se trata de qué atrae a los jóvenes, sino de quién los atrae. Él único atractivo en la Iglesia es Cristo. Él es la perla de gran precio.

Si no lo hacemos de esta manera, perdemos completamente el rumbo y guiamos a los jóvenes a cualquier lugar, menos al lugar al que Dios quiere llevarlos. En cambio, si Dios logra tener nuestro corazón, entonces, empieza a importarnos lo mismo que le interesa a Él, y empezamos a preocuparnos por la gente a la que le preocupa y le interesa Dios.

¡Fuimos llamados a encarnar su Corazón, a buscar la justicia, a animar al oprimido, a defender la causa del huérfano y de la viuda!

El instante en que nos damos cuenta de que ese es el lugar en el que Dios nos puso es cuando nuestro corazón empieza a latir como late el de Dios. No te olvides de que la poderosa mano de Dios está sobre los pequeños. La misericordia de Dios posa sobre este mundo sostenida en el dolor de los inocentes, que es el mismo dolor de Jesús, es su mismo sufrimiento. Debemos estar con ellos; ese es nuestro lugar, donde ellos nos necesitan y donde Dios quiere que estemos.

Hace muchos años leí un relato de Francisco de Asís sobre la verdadera alegría, que me bendijo muchísimo:

> *Vuelvo de Perusa y en una noche profunda llego acá, y es el tiempo de un invierno de lodos y tan frío que se forman canelones del agua fría congelada en las extremidades de la túnica, y hieren continuamente las piernas, y mana sangre de tales heridas. Y, todo envuelto en lodo y frío y hielo, llego a la puerta, y, después de haber golpeado y llamado por largo tiempo, viene el hermano y pregunta: «¿Quién es?». Yo respondo: «El hermano Francisco». Y él dice: «Vete; no es hora decente de andar de camino; no entrarás». E, insistiendo yo de nuevo, me responde: «Vete, tú eres un simple y un ignorante; ya no vienes con nosotros; nosotros somos tantos y tales que no te necesitamos. Y yo de nuevo estoy de pie en la puerta y digo: «Por amor de Dios, recogedme esta noche». Y él responde: «No lo haré. Vete al lugar de los Crucíferos y pide allí». Te digo que, si hubiera*

tenido paciencia y no me hubiera alterado, en esto está la verdadera alegría y la verdadera virtud y la salvación del alma»[19].

Estas palabras me hicieron detener y pensar. ¡Dios mío!, ¡cuánta belleza! Realmente, el Evangelio es una contracultura, es la luz de este mundo, es nuestra esperanza. ¡Y cuánta verdad hay en Proverbios 16:32 cuando dice que es más fácil enseñorearse de una ciudad que de sí mismo! Es verdad que lo máximo que podemos alcanzar como hijos de Dios es que Cristo sea formado en nosotros, encarnar su carácter, su corazón.

Ese mismo Francisco, en otra oportunidad, iba pasando de ciudad en ciudad, ya muy enfermo, siendo trasportado en camilla de a caballo, y en los últimos días de su vida en este mundo. Las personas que sabían que iba a pasar por allí y que ya lo veían como un santo de Dios se agolpaban para saludarlo y tocarlo. En uno de los parajes, un hombre rústico de la calle se le acercó y le dijo: «Así que tú eres Francisco... La gente te aprecia y te sigue. Ten cuidado, ¡no se te vaya a subir la fama a la cabeza!». Uno de los discípulos de Francisco, horrorizado por lo que estaba escuchando, pensó: «Este hombre no se imagina con quién está hablando». Pero, en ese momento, y con las pocas fuerzas que le quedaban, Francisco se bajó de la camilla, se arrodilló frente a aquel hombre y le dijo: «Bendito ángel de Dios, que siempre viene para recordarme quién soy, de dónde vengo y de dónde fui rescatado».

En el tiempo en que lo leí, no podía imaginar cómo Dios me llevaría por el corazón de este Evangelio tan transparente, tan honesto y tan parecido a Jesús. Soñaba con la idea de que Dios pudiera escribir sobre mí un epitafio como lo hizo con David

---

19. www.franciscanos.org/esfa/veral.html

en Hechos 13:22: «*He hallado en David, un varón conforme a mi corazón, el hará todo lo que yo quiero*». Sin duda, como lo expresa este pasaje, el que tiene un corazón conforme al corazón de Dios, no vive para sí mismo, ni se proyecta en sus deseos, sino que hace todo lo que Dios quiere; ese es, precisamente, el corazón de Cristo en nosotros.

Es difícil cerrar un concepto tan amplio y tan alto pero, al hacerlo, solo puedo decirte que *es posible, ¡el Evangelio es posible, es real y está vivo!*

- Vive el Evangelio de Cristo como Dios dice que debe ser vivido.
- Ama a Dios con todas tus fuerzas, con todo tu corazón, con toda tu alma y con toda tu mente.
- Ama a Cristo en la gente, en tus hermanos, en tu prójimo y en tus enemigos.
- Niégate a ti mismo para alcanzar lo prometido.
- Elige la cruz de Cristo si quieres ver la gloria de Dios.
- Estate siempre dispuesto a sufrir por amor a Él.
- Vive en el amor que todo lo cree.
- No te enojes, no te irrites, no te defiendas, no guardes rencor.
- Considera a tus hermanos siempre como mayores que tú.
- Sirve a la mesa de los más pequeños.
- Honra a los que menos tienen.
- Defiende la causa del huérfano y de la viuda.
- Busca la justicia, anima al oprimido, visita al preso, perdona a quien no merece ser perdonado.
- Sé humilde como Cristo.
- No vayas tras del éxito, porque no fuiste llamado a eso.

- Sé fiel a Dios.
- Alégrate cuando seas maltratado o humillado por causa de Cristo.
- No busques los primeros asientos; deja que Cristo sea exaltado en ti.
- Predica el Evangelio de Cristo y a Este crucificado.
- Ten cuidado de ti mismo.
- No te preocupes por la multiplicación; ama a Dios y a la gente, y Dios va a llenar la casa.
- Elige darte al otro sin pensar en lo que el otro debería hacer por ti.
- Da sin esperar nada a cambio. Y todo lo que hagas hazlo para la gloria de Dios, porque es la única forma de caminar sobre las mismas pisadas que caminó nuestro Maestro.

Sé que el panorama que vemos hoy en día en la Iglesia es abrumador. Pero, en lugar de enojarme, de ponerme crítico o cínico, elijo creer:

> *Creer que esta generación es la que no va a expresar dividida la Iglesia solo por no tener la misma medida de entendimiento.*
>
> *Creer que esta generación es la que va a entender, por fin, que la unidad no es una opción, sino un hecho consumado en Cristo y nuestro compromiso delante de Él es guardar esa unidad, porque precisamente es Dios mismo el que dijo: «Sean uno para que el mundo crea».*
>
> *Creer que esta es la generación que va a entender que lo que el mundo necesita es nuestro gozo indomable, invencible, en medio de un mundo que gime, y necesita del amor y compasión de Cristo en nosotros.*

Creer que esta es la generación que le va a devolver el gobierno de la Iglesia a Dios.

Y sobre todo, elijo creer que esta es la generación que va a predicar y vivir el Evangelio del Reino como lo predicaba y vivía Jesús.

Una generación que no busca su propia realización, sino que busca que el nombre que se dé a conocer sea el de Cristo.

*Una generación que decide ser **Invisible**, de tal manera que, cuando las personas las miren, reconozcan a Jesús en ellos, y así glorifiquen a nuestro Padre que está en los cielos.*

Yo soy parte de esta generación, y me comprometo a ser ese eslabón que no se va a cortar.

*Me comprometo a ser **Invisible** por amor.*

Esperamos que este libro
haya sido de tu agrado.
Para información o comentarios,
comunícate con nosotros.

Muchas gracias.

info@peniel.com

www.peniel.com

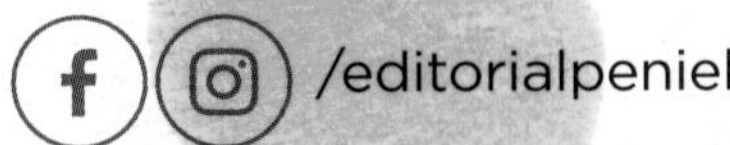